SHODENSHA
SHINSHO

ド、バブルは繰《く》り返されるか？

公義

祥伝社新書

はじめに

バブルは、珍しい現象と思われがちです。バブルとは、経済の実態（ファンダメンタルズと呼ばれます）からは説明できないほど、地価や株価などが上昇することですから、そのような事態は滅多《めった》に起こらないと考えるのが普通でしょう。それに、バブルに踊って損をした人々が大きな痛手を被《こうむ》ったことを後世の人々は知っており、そうした目に遭《あ》わないように気をつけるはずです。

しかし、実際には、バブルは人類の歴史のなかで何度も繰《く》り返されてきました。最近30年間を見ても、一九八〇年代後半には日本で大きなバブルがあり、一九九〇年代後半には、アメリカでＩＴバブルがありました。さらに、二〇〇〇年代前半にはアメリカで住宅バブルがあり、その崩壊がリーマン・ショックをもたらしました。

また、タイの通貨危機やスペインの財政危機も、バブル崩壊が一因となっています。バブルは、けっして珍しいことではないのです。

日本の景気は、この間に数回の後退を経験していますが、その過半は国内外のバブル崩壊に起因するものです。つまり、日本の景気を動かしている主因のひとつがバブルと言っても過言ではありません。

バブルは、投資などを考える際に知っておくべきことなのはもちろんですが、景気変動の要因として、株式取引をしていない人にも大きな影響を与えており、私たちの生活を考えるうえでも、バブルについて学ぶことは非常に重要です。

最近では、アベノミクスによって株価が上昇していることもあり、これがバブルに発展するのではないか、という関心を持つ人も増えています。バブルに踊って損をしないためにどうしたらよいのか、バブルが崩壊したら再び深刻な不況が来るのか、という疑問を持つ人も増えているでしょう。

本書は、バブルが形成され、崩壊するメカニズム、それが景気に及ぼす影響についてわかりやすく説明していきます。その際に登場する「経済用語」は、本文最後にまとめ、解説を付《ふ》しています。教科書のように堅苦《かたくる》しくありませんが、読んでいるうちに、知らず識《し》らず教科書的な知識も習得できるようになっています。

また、読者の方が株式投資などを行なう際に、バブルに踊ってケガをされないように、私なりのアドバイスも加えています。

本書の構成は以下のとおりです。

第一章では、アベノミクスについて考えます。本書執筆時点ではバブルと呼ぶ段階にはありませんが（二〇一三年十月十七日の日経平均株価１４５８６円）、今後バブルに発展していく可能性は否定できません。どのような条件が整《ととの》えばバブルになるのか、バブルに踊らないためには何を注意すべきか、などを考えます。

第二章では、バブルの歴史について振り返ります。数百年前から数え切れないほどのバブルが発生しては崩壊してきましたが、そのなかから戦前までの五つの代表的なバブルを採り上げて検証します。

第三章では、日本の平成バブルについて発生、拡大、崩壊の足跡を振り返るとともに、当時の筆者（銀行員）および、その周囲の人々が何を考え、どう行動していたかをご紹介します。

第四章では、アメリカで一九九〇年代後半に発生したＩＴバブルについて検証し、その崩壊がアメリカや日本に及ぼした影響について触れます。

第五章では、アメリカで二〇〇〇年代前半に発生した住宅バブルと、その崩壊がリーマン・ショックをもたらした経緯、そしてリーマン・ショックが世界経済に甚大《じんだい》な影響を及ぼした経緯などについて触れます。日本の平成バブル崩壊とリーマン・ショックは類似点も多いのですが、異なる点も多く、日本とアメリカの企業の行動パターンなどを含めて考察します。

第六章では、バブルがなぜ繰り返すのか、さらに次回バブルが発生した時に、踊らないためにはどう注意すべきか、を考えます。バブルの匂《にお》いを嗅《か》ぎ分《わ》けることは難しいのですが、なんらかの手がかりがあれば、踊らずにすむ可能性は高まります。

最後に、本書の出版に際しては、祥伝社新書編集部の飯島英雄氏に大変お世話になりました。この場を借りて、御礼申し上げます。

二〇一三年十月

塚崎《つかさき》　公義《きみよし》

目次

第2章 バブルの世界史

第3章 平成バブルは、日本をどう変えたか？

第5章

住宅バブルは、世界をどう変えたか？

第6章

バブルは繰り返す

本文装丁――盛川和洋

図版――塚崎公義
篠　宏行

第1章

アベノミクスで、バブルになるか？

1　アベノミクスは、何を目指しているのか？

●アベノミクスとは何か？

アベノミクスとは、二〇一二年十二月に発足した第二次安倍《あべ》政権が打ち出した、大胆な経済政策のことです。安倍首相の「アベ」と「エコノミクス（＝経済学）」をつなげた造語で、「安倍政権の経済政策」といった意味の言葉です。

一九八〇年代にアメリカのレーガン大統領が大胆な（奇抜な？）経済政策を打ち出した時に、「レーガノミクス」という造語が流行したため、その後も、時としてこうした造語が流行しているのです。

アベノミクスは、長期にわたって低迷している日本経済を立て直そうというもので、「3本の矢」と呼ばれる三つの基本方針から成《な》ります。それは、「大胆な**金融政策**[1]」「機動的な**財政政策**[2]」「民間投資を喚起《かんき》する**成長戦略**[3]」です。これらは、いずれも識者《しきしゃ》たちが以前から経済政策として提言していたもので、それを大胆に実行しようというのがアベノミクスです。

三つの政策は、矢というより薬です。それぞれに効果と副作用がどれくらいあるのかは、識者により大きく見解が異なります。つまり、アベノミクスは「効果についても副作用についても議論のある薬を３種類とも大量に飲んでみる」という療法だと言えます。

この政策が幅広く支持されているのは、識者たちが「他の薬には賛成しかねるが、自分の提言する薬も盛り込まれているから支持しよう」ということで賛成に回っているからです。アベノミクスというと、金融政策などの大胆さに注目が集まっていますが、実は反対が出にくいように全員の主張を盛り込んだ点に政治的なセンスが垣間見《かいま》えます。

こうした大胆な政策が採用された背景は、日本経済がバブル崩壊後に「失われた20年」と呼ばれる長期低迷を続けていることにあります。さまざまな政策を試《こころ》みてきましたが、どれも奏功《そうこう》してこなかったので、副作用を恐れてばかりいないで、大胆に大量の薬を飲んでみよう、という賭《か》けに出たということです。

「大胆な金融政策」は、日銀が巨額の国債を市場から購入して対価を支払うことで、巨額の資金を市場に流通させよう、ということです。

これにより、「**デフレ**[4]が止まってマイルドな**インフレ**[4]が起きる、ドル高になる」と期待をする人がいます。しかし、「効果が小さい」として、期待していない人もいます。いっぽうで、「効果が大きすぎて激しいインフレになる、財政の規律が失われる」と懸念《けねん》を持つ人もいます。

「機動的な財政政策」とは、大規模な公共投資を行なうことにより、防災対策などを講じることと政府が需要を作り出すことの一石二鳥を狙った政策です。

これにより、「日本経済の不振の原因は需要不足だから、需要を作り出すことで経済が再生される」と期待をする人と、「財政赤字が増えてしまう、バラマキに終わり無駄な物が残るだけだ。効果が一時的でカンフル注射にすぎない」と慎重論を唱《とな》える人がいます。

「民間投資を喚起する成長戦略」は、規制緩和などによって民間企業の活動を活発化させて日本経済の成長力を高めよう、というものです。その限りでは小泉《こいずみ》政権の「構造改革（新自由主義的政策）」と似ていますが、違うのは小泉政権が景気に配慮しなかったいっぽうで、アベノミクスは他の2本の矢で景気にも配慮する、ところにあります。

なお、成長戦略として掲《かか》げられていることは、それぞれ一応の説得力はあるのですが、既得権者などの抵抗があり、これまで実現できていないことも多く、今回も実現できないのでは、といった懸念も聞かれます。

3本の矢については、それぞれ記せば興味深いことは数多いのですが、本書の主題であるバブルとの関係で言えば、圧倒的に重要なのが金融政策ですから、以下は金融政策について述べることとします。

●日銀の狙《ねら》い

金融緩和には、いくつか手段がありますが、重要なのは、日銀が市場から国債を購入して代金を市場に流通させる、というものです。これを「公開市場操作」と呼びます。

これによって市場の資金需給バランスが変化するので、通常は市場金利（銀行が相互に貸借《たいしゃく》する際の金利）が低下します。そうなると、銀行の貸出金利が低下し、多くの企業が借金して設備投資をするようになります。こうして、金融緩和は景気回復に資《し》するのです。

しかし、アベノミクスが始まった時点で、市場金利はほぼゼロだったので、アベノミクスによって市場に資金を供給しても金利が下がることはありません。それでは、日銀は何を狙って金融を緩和するのでしょうか。それは、金融を緩和することで物価を上昇させようとしているのです。

現在の日本は物価が下がるデフレであり、これが景気にマイナスだから、ゆるやかな物価上昇を実現すべきであり、そのために金融を緩和すべきだ、というのです。金融を緩和すると物価が上昇するか否《いな》かは議論がありますが、日銀は上昇すると考えているのです。

金融緩和が物価上昇につながるとする考えかたのひとつは、世の中に資金が出回ると物価が上がる、というものです。

世の中は、希少《きしょう》なものの価値が高くなる傾向にあります。たとえば、ダイヤモンドが水より高いのは数が少なく珍しいからです。つまり、円が財物《ざいぶつ》よりも希少だと円の価値が高く（＝財物の値段が安く）なってしまうので、円を大量に供給すれば、円の価値が低くなり、相対的に財物が高くなる（＝物価が上昇する）、というわけです。くわしくは後述（39ページ）します。

金融緩和が物価上昇につながるとする考えかたの今ひとつは、世の中の人々の**期待**[5]に働きかけることで物価を上昇させる、というものです。人々が「これだけ金融を緩和したのだから、物価が上がるだろう」と予想すると、人々が買い急いだり、売り手が値上げをしやすくなるため、物価が実際に上がるということです。

ちなみに、日銀は、消費者物価指数の前年比上昇率を2％にするという「物価安定目標」を「2年程度の期間を念頭に置いて、できるだけ早期に実現する」としています。これは、日銀が力強く誓《ちか》えば人々の期待が変化することを狙ったものだと言われています。

ゼロ金利なのに、さらに金融を緩和すべき、とする考えかたの今ひとつは、世の中に資金が出回ると円安ドル高になる、というものです。財物の場合と同様に、ドルよりも円のほうが多く出回れば、ドルの値段が高くなるはずだ、というわけです。

ドル高を公式の目標とすると、「日本は通貨安競争によって、輸出拡大で景気を回復させようとしている」として、貿易相手国から批判されてしまうので、公式な目標とされてはいませんが、本音では、多くの人が目標としています。ドルが高くなれば、輸出が増えて景気が回復しますし、輸入物価が上がるので、デフレも解消するからです。

これらは、いずれも「日銀が金融緩和をすると、世の中に資金が出回るはずだ」という前提での考えかたです。しかし、日銀が金融を緩和しても、資金は銀行に留《とど》まるだけで、世の中には出て行かない可能性もあります。そうなると、日銀の狙いどおりにはいかないことになります。この点については後述（25ページ）します。

●デフレは悪か？

日本経済はデフレだと言われます（二〇一三年夏頃から、あまり言われなくなりましたが）。デフレとは、インフレの反対で、物価（具体的には消費者物価指数）が持続的に下落している状態のことです。世の中では「デフレ」を「不況」と同じ意味で使う人、「不況で物価が下がること」という意味で使う人なども少なくありませんが、正しくは物価が持続的に下落することです。

物価が下がることは、消費者にとってはうれしいことですが、日本経済全体としては望ましくない効果のほうが大きいと言われています。ひとつには、物価が下がっている時は、人々が「値下がりするまで買わずに待つ」ので、物が売れずに景気が悪くなることです。

今ひとつは、借金して工場を建てて物を作ったとして、製品を販売する時には値下がりしているとすれば、金利がゼロだとしても、工場を建てる意欲が減退することです。これを「**実質金利**[6]が高くて、**設備投資**[7]が抑制される」と言います。

実質金利の話を持ち出さずに、数値例で説明することも可能です。

たとえば、デフレでない状態では売上げが１００、仕入れ＋人件費が50、利払いと**減《げん》価償却《かしょうきゃく》**[8]費《ひ》が45、利益が5だとします。デフレで物価が10％下がると、売上げが

90に減り、仕入れ＋人件費が45に減り、利払いと減価償却費が45のままで、利益が0になります。利払いと減価償却費がデフレになっても変化しないのは、それらが、通常は工場建設時点で決まっているからです。この結果、デフレで売上げが10％減る間に利益はなくなってしまいます。

これでは、デフレ下で借金をして設備投資をしようという企業は出てこない、というわけです。

デフレの弊害の今ひとつは、給料が減るというものです。デフレというのは消費者物価が下がることですが、これは企業の側から見ると、売値が下がるということです。そうなると、企業は赤字を避けるために社員の給料を下げるから、それが消費を減らして景気を悪化させる、ということも言われています。

このように、デフレは景気を悪化させますが、いっぽうで景気が悪くなると物価が下がるので、デフレと景気悪化の悪循環に陥《おちい》ることになります。これを「デフレ・スパイラル」と呼びます。こうなると、金融政策でデフレを止めることは容易ではありません。したがって、物価上昇率は、ゼロまたは若干《じゃっかん》のプラスが望ましい、ということになります。

日銀が物価安定目標を２％と定めたのは、目標どおりに正確にコントロールすることが難しいため、目標から外《はず》れた時のことを考えてのことです。

「０％に目標を定めると、２％になった時には引き締めをすればよいが、マイナス２％になった時には金融を緩和しても実質金利がプラスのままでは効果が出にくい」けれども、「２％に目標を定めれば、４％になったら引き締め、０％になったら緩和すればよい」ので、後者のほうが調整は簡単という考えかたです。

日銀が、金融緩和の目標として「景気を回復させること（具体的には、たとえば経済成長率を２％以上にする、あるいは失業率を２％以下にする）」という数値ではなく、消費者物価上昇率を用いたのは、こうした考えかたが背景にあるからです。「デフレが景気を悪くさせているのだから、デフレを止めることが景気対策だ」というわけです。

今ひとつの理由としては、日本銀行法（日銀法）の定める日銀の金融政策の最重要目的が「物価の安定」であるので、経済成長率や失業率を目標とすることは相応《ふさわ》しくない、という考えかたもあるようです。

これに対しては、「不況だからデフレなので、景気対策でデフレを止めるべきだ。デフレ対策で不況を止めようというのは逆だ」などの意見もあります。

ここで重要なのは、目標をインフレ率にした場合、将来、仮に「景気は非常に良いが、物価は上がらない」状況になったとして、日銀はさらに金融緩和を続けるのか、ということです。そうだとすると、それがバブルをもたらす可能性もあるのです。これについては後述（53ページ）します。

●人々の「期待」がカギ

前項で、日銀が大胆な金融政策を行なう際に狙っている効果について述べましたが、これが思惑《おもわく》どおりにいくか否かは、人々の「期待」がカギとなります。

現在、銀行は大量の日本国債を持っていますが、それは、貸したい融資先も、買いたい物も見当たらないからです。融資をすればもうかる、あるいは、アメリカ国債を買えばもうかると思えば、わざわざ金利が低い日本国債を買いたくはないのです。

そうした時に、日銀が銀行から国債を購入して代金を支払っても、銀行は受け取った代金を貸出やアメリカ国債の購入に使わず、日銀に預金（銀行が日銀に預けている預金を「準備預金」と呼びます）するだけです。

これでは、資金は日銀から銀行に出て行っても、また日銀に戻ってくるだけで、銀行から世の中には出て行きません。

ちなみに、日銀から銀行に出て行った金額を**マネタリーベース**[9]、またはベースマネーと呼び、銀行から世の中に出て行った金額を**マネーストック**[10]、またはマネーサプライと呼びます。

実際、二〇〇一年から二〇〇六年まで、日銀は**量的緩和**《りょうてきかんわ》[11]をしましたが、資金は銀行から出て行きませんでした。マネタリーベースが増えたのに、マネーストックは増えなかったのです。

しかし、仮に人々が「日銀が金融を緩和したから物価が上がるだろう。借金をして急いで物を買おう」と考えたとすれば、銀行の貸出が増加し、資金は世の中に出て行くでしょう。そうなれば、日銀が期待したように物価が上がるかもしれません。

つまり、人々が物価は上がると思えば上がり、思わなければ上がらない、ということになります。重要なのは経済学理論ではなく、人々の心理なのです。

筆者は、これを「偽薬《ぎやく》効果（プラシーボ効果）」と呼んでいます。患者に小麦粉を与えて、「偉い先生からいただいた貴重な薬です」と言って飲ませると、病気が治《なお》ることがあります。「病《やまい》は気《き》から」なのだそうです。

それと同様に、「偉い経済学者が、日銀が金融を緩和したらインフレになるとおっしゃっているから、みなさん急いで物を買いなさい」と言うと、人々が銀行から借金をして物を買い、結果として「理論」どおりに物価が上がる、というわけです。

金融政策や、その背景にある経済学理論を小麦粉扱いしては失礼ですが、薬であるか小麦粉であるかは別として、人々の期待の如何《いかん》によって、金融緩和が時として物価を上昇させ、時として上昇させないということは大変重要です。

人々の期待により、金融政策の効果が変わるのは、インフレ期待（＝予想）で買い物をする場合だけではありません。

「金融を緩和すると、ドルが高くなる」と人々が信じれば、人々がドルを買うため、実際にドルが高くなります。「金融緩和で株が高くなる」「金融緩和でドルが高くなり、ドル高になれば株価が上がる」と人々が思えば、人々が株を買うため、実際に株価が高くなります。

アベノミクスが発表されてから、政権交代までの期間に、つまり実際には1円も緩和されていない間に、ドルも株も大幅に値上がりしたのは、そうした理由です。

ドル高は、輸入物価の上昇を通じて消費者物価を上昇させる効果を持つでしょう。また、ドル高と株高によって景気が回復すれば、需要と供給の関係が変化して物価が上昇するかもしれません。こうした経路で物価が上がったとしても、やはり金融緩和で物価が上がったことには違いありません。

2　バブルとは何か？

●「期待」は変化したか？

衆議院解散によって、アベノミクスが実行に移されることが明らかになった二〇一二年十一月以降、ドルが大幅に値上がりしました。これは、人々が「金融が緩和され、世の中に円が大量に出回ると、円の希少価値がなくなって、ドルに対して値下がりする」と考えて、円をドルに換えたからです。

小麦粉を薬だと思った人が多かったわけです。株に関しても同様です。株が上がるだろうと思った人が多かったから、上がったのです。

すこし複雑ですが、この話には続きがあります。「自分は金融緩和がドルを高くするという理論は正しくないと思うが、世の中にはそうした理論を信じてドルを買う人が大勢いるだろう。ならば、ドルが高くなるだろう。そうなる前に、自分もドルを買っておこう」と考えた人もいるでしょう。そうした人の行動も、ドルが高くなった要因のひとつだと思われます。

もしかすると、全員がそう思ったのかもしれません。極端な場合には、誰も「理論」を信じている人がいなくても、人々が「自分は信じないが、世の中では理論を信じている人が多そうだ」と思ってドルを買えば、実際にドルが高くなるからです。市場は、そうした複雑な思惑で動いているのです。

しかし、ドルや株の場合と異なり、インフレ率に関しては、人々の期待はあまり変化していないようです。債券市場を見ると、10年物国債の利回りは2％を大きく下回る水準で推移しています（二〇一三年十月現在、0・6％台）。

もしも人々が「2年後からは、物価が毎年2％ずつ上昇する」と信じていたら、毎年0・6％しか金利が受け取れないような国債を購入するはずがありません。つまり、人々はそうした予想をしていないのです。

エコノミストたちの予想を見ても、インフレ率がさほど高まるという予想にはなっていません。ESPフォーキャスト調査（主要な約40人のエコノミストの経済予測の平均）を見ても、二〇一五年度一～三月期の消費者物価上昇率（消費増税の影響を除く）の予測は0・75％に留まっています。日銀短観《にちぎんたんかん》（企業経営者に対するアンケート調査）を見ても、消費動向調査（消費者に対するアンケート調査）を見ても、人々のインフレに対する予想が大きく変化したようには見えません。

このことは、金融緩和は人々の為替《かわせ》と株価に関する期待は変化させたけれども、肝《かん》心《じん》の物価に対する期待は変化させていないことを意味しています。

こうした結果、インフレ予想にもとづく買い急ぎはほとんど起きていません。消費税引き上げ前の駆け込み需要はあるでしょうが、これはアベノミクスの効果とは言えません。現在のところ、景気に対する影響としては、株高で消費が増えたこと、ドル高で輸出が増え、輸入が減り、外国人観光客の訪日が増えたこと、などが中心となっています。

●バブルの定義

アベノミクスの発表後、**実体経済**[12]には何の変化も起きていないのに、人々の期待の変化だけでドルは大幅に高くなりました。これは、バブルなのでしょうか？

この問いに答えるためには、「バブルとは何か？」を定義しておかなければなりません。単に「ドルが高くなりすぎたから下がった」だけであれば、日常茶飯事《さはんじ》ですから、バブルとは呼べないでしょう。

ここでは、「ドルなどの値段が、**ファンダメンタルズ**[13]から説明できないほど高くなったあと、大幅に下落すること」をバブルだと定義して、以下を考察しましょう。

図表1 ドル・円相場の推移

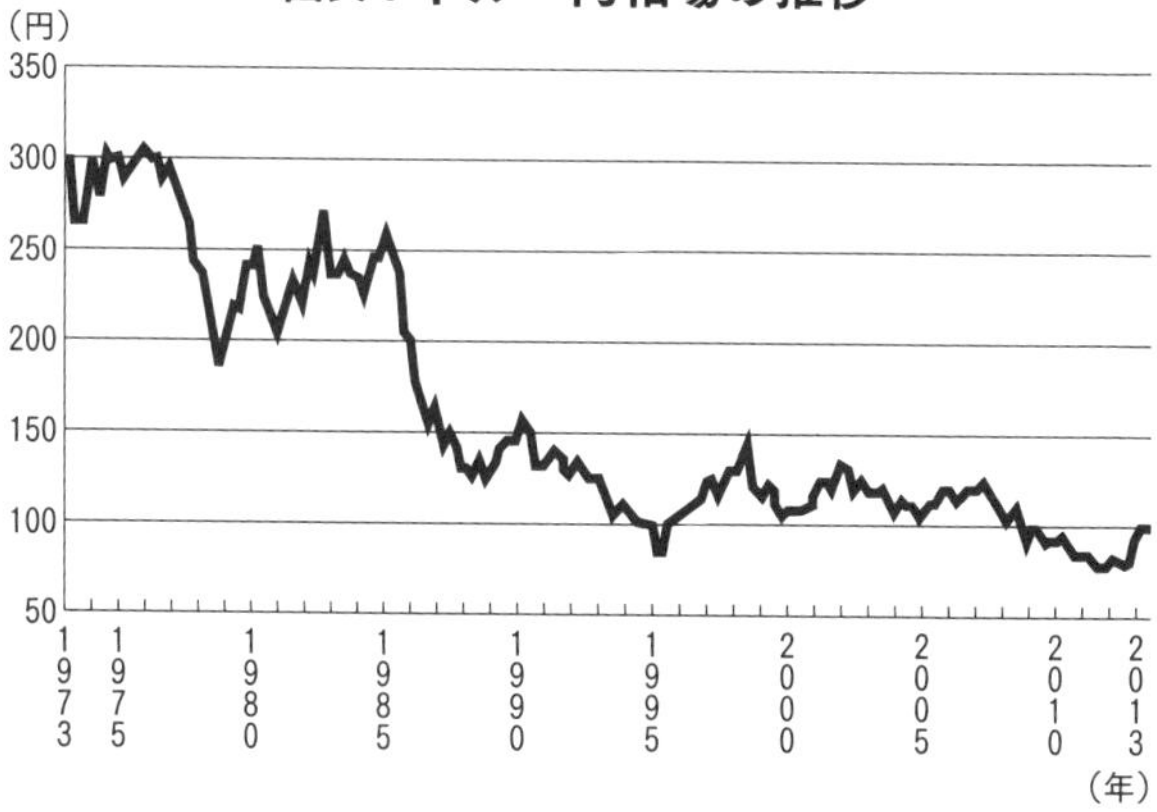

（出所／日本銀行「東京市場 ドル・円スポット」）

まず、現状がファンダメンタルズから乖《かい》離《り》しているか否かを見るために、過去の為替レートのグラフを見てみましょう。

図表1は、過去数十年にわたるドル円相場の推移を見たものですが、過去の為替レートが大幅な変動を繰り返していることが見て取れます。

その主因は、為替レートが市場参加者の思惑などによって大きく変動していることにありますが、ファンダメンタルズに沿った為替レート（要するに「正しい為替レート」）が何円なのか、よくわからないことにも一因があります。

経常収支がゼロになるのが正しい為替レ

ートとすれば、日本は**経常収支**[14]が黒字なので、もっと円高になって輸出が減り、輸入が増えることが必要です。いっぽうで、アメリカと日本の物価が等《ひと》しくなるのが正しい為替レートとすれば、今よりも円安の1ドル＝120円程度が正しい、という計算があるようです。さらに、最大の貿易相手国・中国と日本の物価が等しくなるのが正しい為替レートとすれば、大幅に人民元《じんみんげん》高円安が進むことが必要です。

つまり、今の為替レート（1ドル＝100円前後）が正しいレートよりも円高なのか円安なのか、ということさえも、理屈からは決められないのです。

ちなみに、図表1を見ると、大きな流れとしては、ドルの値段が何十年もの間、ゆるやかに下落してきたことがわかります。これは、日本の物価上昇率がアメリカよりも低いため、ドルの値段が一定で推移すると、日本製品の競争力が高まって日本の経常収支黒字が増え、その分だけ輸出企業が持ち帰ったドルを銀行に売るのでドルが安くなる、ということが繰り返されてきたからです。

正しい為替レートの水準を求めることは難しくても、方向の話としては、ゆるやかに円高になっていくことが正しい、と言えそうです。

●実質実効為替《かわせ》レート

「正しい為替レート」がわからないのであれば、過去との比較で突出した値《あたい》になっているか否かを見てみましょう。そのためには、「実質実効為替レート」という数値が便利です。

これは、「輸出困難度指数」とでも呼ぶべきもので、「自国通貨が上がった国は輸出が困難になる（下がった国は容易になる）」「外国よりも物価上昇率が高い国は、為替レートが一定のまま推移すれば、外国に比べて物の値段が高くなるので、輸出が次第に困難になっていく（低い国は容易になる）」という効果を考慮して求める数値です。

つまり、外国より物価上昇率が高い国は、その分だけ自国通貨が安くなっていけば、輸出困難度が以前と変わらない、という計算になっているのです。これは、アメリカとの関係だけではなく、他の貿易相手国との間の困難度も考慮しています。

なお、実質実効為替レートは、通常の為替レートとは異なり、数字が大きくなるほど輸出が困難なことを示すものなので、注意してください。

実質実効為替レートのグラフ（図表2）を見ると、1ドル＝80円近辺であった二〇

図表2　実質実効為替レートの推移

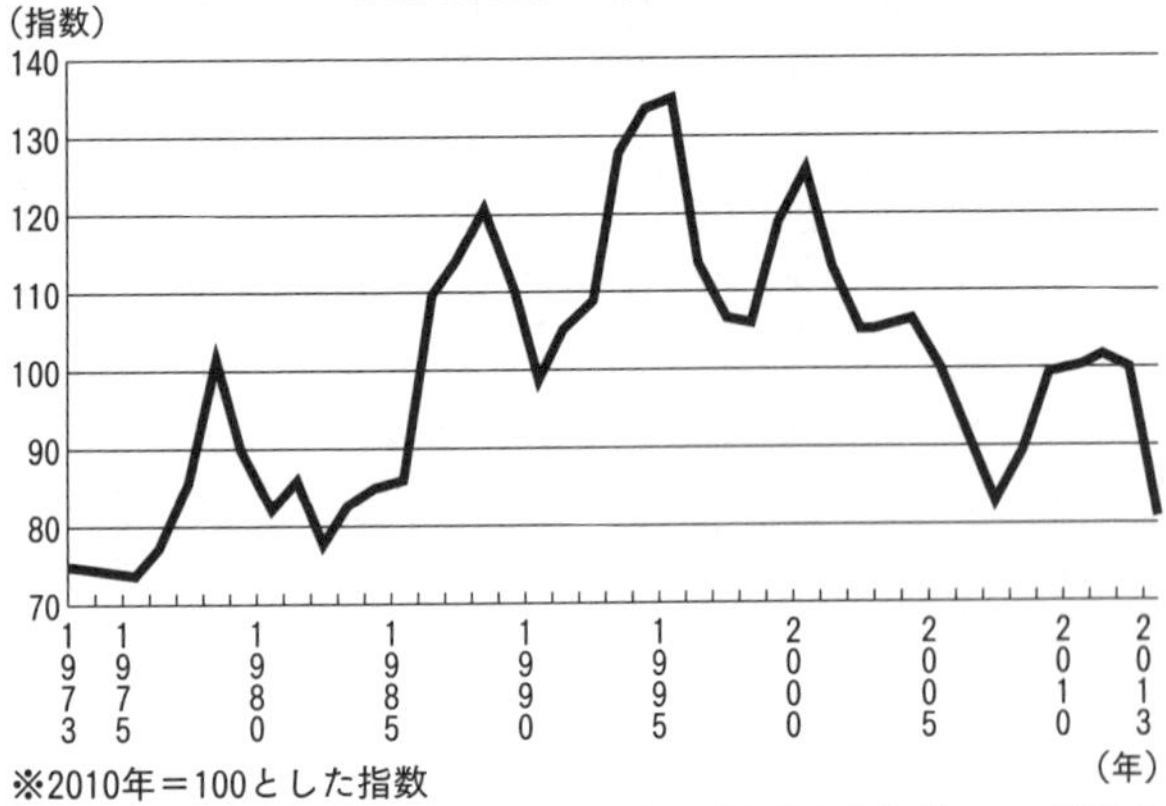

※2010年＝100とした指数

（出所／日本銀行「実質実効為替レート指数」）

一二年頃でも、過去との比較では特に円高というほどでもなかったことがわかります。

昔と比べると円は高くなっていますが、外国と比べると日本の物価上昇率が低いので、トータルとして見た輸出困難度はそれほど増していないのです。このことは、逆に言えば、図表1に見られるようなドル円レートのトレンド（大局的に見た方向性）が、おおむね物価上昇率格差に起因していることを示唆《しさ》しています。

また、図表1からは、1ドル＝100円といった水準が、「過去との比較では若干輸出困難度が低い（＝円安気味である）が、

図表3　株価の推移

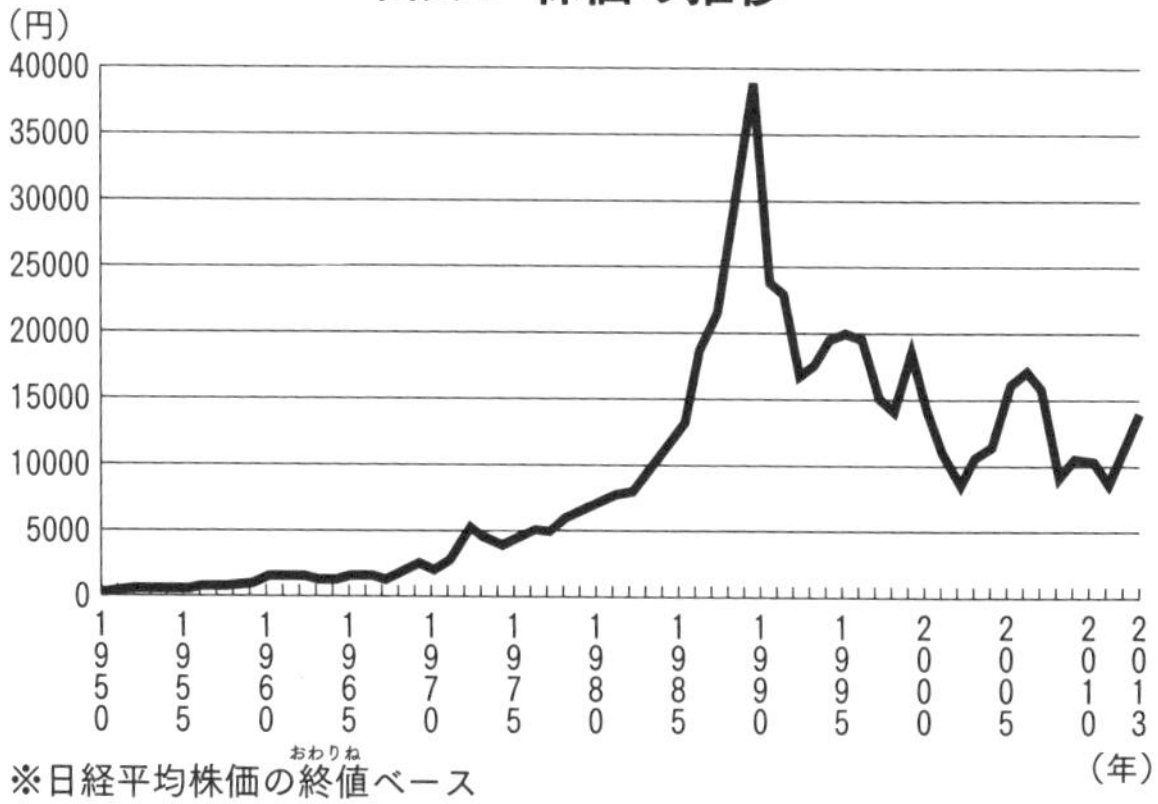

※日経平均株価の終値《おわりね》ベース

（出所／日経平均プロフィル「日経平均資料室　年次データ」）

あとから考えて、どうしてあんなに円安になったのだろう、と不思議に思われることもなさそうだ」ということがわかります。

●株価の推移

株価の長期推移（図表3）を見ると、リーマン・ショック（二〇〇八年、第5章）後は、過去と比較しても非常に低い水準にあったことがわかります。

アベノミクスの直前（ここでは野田《のだ》首相による解散表明前の二〇一二年十月のデータを用います）の株価は、バブル崩壊直後よりも、一九九〇年代後半の金融危機当時よりも、はるかに低い水準にありました。

その第一の要因は、日本経済の長期的な先行きに対する見かたの変化です。バブル崩壊後は「一時的な混乱を乗り越えれば、再《ふたた》び日本経済は繁栄する」と思われていました。小泉政権の時代には、少子高齢化の問題が意識されてはいましたが、今ほど深刻にとらえられていませんでしたから、構造改革が成功すれば日本経済は復活すると考えていた人も多かったのです。

ところが、最近は日本経済というと「少子高齢化で、長期的に衰退する」というイメージが広く共有されており、「国内需要は減少する」「高齢化で財政赤字は悪化する」などが強く意識され、日本株を積極的に買おうという雰囲気が出てこないのです。

第二の要因は新興国の台頭です。外国人投資家にとっては、日本市場はグローバルな分散投資の一部なのですが、最近は新興諸国の台頭が目覚《めざ》ましいため、日本に資金を振り向けるウエイトが減ってきており、これも日本株の低迷の原因となっています。

第三の要因は、投資家のムードです。日本株に対するあきらめムードも強かったように思います。20年間も株価が低迷しているのを見続けてきた多くの投資家は、「どうせ日本株は上がらないだろう」と考えて日本株を買わないので、他の投資家も「他の投資家が買わないなら、やはり上がらないだろう」と考えて買わない、という悪循環が生じていたわけです。

この結果、株価はファンダメンタルズから考えて安すぎる水準で推移していました。そう考える根拠は、東証一部上場銘柄平均の**PBR**[15]が1倍を下回っていたことです。

理屈で考えれば、PBRは、よほど赤字続きの企業でない限り、1倍を上回っているはずです。なぜなら、企業の持っている「財産」のなかで**財務諸表**[16]に掲載されていない物も、株式投資の際には評価されるからです。

その具体的な例としては、企業の持つノウハウ、顧客との関係、知名度などです。企業は、操業初期には赤字になることが多いのですが、これはノウハウ、顧客、知名度などを得るのにコストがかかるからです。コストをかけて獲得した貴重な「財産」ですから、株式投資の際は、それがしっかり評価されるのが普通なのです。

経済全体のＰＢＲは、経済がサービス化すると高くなっていくとも言われています。それは、製造業などと比べ、サービス産業は資産をそれほど持たないので、1株あたり純資産がそれほど大きくないいっぽうで、ＩＴ[17]産業に代表されるように、技術やノウハウを十分に持っているところも多いから、ということのようです。

こう考えると、ＰＢＲが1倍を下回るということは、株価が企業の財務諸表上の解散価値（企業が解散する時に株主が受け取る金額）よりも低いということですから、これは、あまりに低すぎると言えるでしょう。

筆者は、これを「下向きのバブル」と呼んでいます。皆が楽観的になって買いすぎるのがバブルであれば、皆が悲観的になって売りすぎるのも、やはりバブルではないか、というわけです。

アベノミクスによって株価が大幅に回復しましたが、それは主に第三の要因である、あきらめムードが払拭《ふっしょく》されたことによります。上昇が急激だったのは、下向きのバブルが崩壊したからではないか、というのが筆者の私見です。しかし、いずれにしても、第一と第二の要因が残っているので、いまだに過去と比べればけっして高いとは言えない水準に留まっているのです。

3　インフレになるか？

●物価が上がるしくみ

日銀は、２％の「物価安定目標」を「２年程度の期間を念頭に置いて、できるだけ早期に実現する」としています。これは、可能でしょうか？

物価が上がるとすると、①世の中の資金量の増加により、貨幣数量説（次項で詳述）が想定する経路で上がる、②人々が物価は上がると思う「期待」の効果で上がる、③景気が好転することで、財やサービスの需給が好転して物価が上がる、④大幅なドル高になり、輸入物価が上昇して消費者物価が上がる、という四つの経路が考えられます。

●貨幣数量説的なインフレになる⁉

貨幣数量説とは、「取引される物の量が一定で、資金の流通速度も一定とすると、世の中に出回る資金の量（マネーストック）が増えるほど、物価が上昇する」という理論です。しかし、こうしたことは、起こりそうもありません。

まず、実体経済に変化がなければ、銀行は日銀に売却した国債の代金を日銀に預金するだけなので、世の中に出回る資金の量が増えません。したがって、そもそも日銀が前提とする「世の中に出回る資金の量が増える」と考える根拠がないからです。

また、そもそも貨幣数量説じたいが、極端な仮定を置きすぎていて、現実の経済を分析する役には立ちません。貨幣の流通速度が一定という仮定が、まったく現実的ではないのです。世の中に出回る資金の量が増えても、取引量は増えずに、貨幣の流通速度が低下するだけに終わる場合も、実際には多いからです。

たとえば、平成バブル（第3章）の時には、世の中に出回る資金の量が増えました。人々が銀行から借金をして不動産を購入し、売り手が売却代金を銀行に預金したからです。

こうして、世の中に出回った資金は、土地や株の取引で活発に流通していましたが、一般の財物の取引は従来とおおむね同様に行なわれていただけなので、消費者物価はそれほど上昇しませんでした。景気が絶好調だったために、すこしは上昇しましたが、世の中に出回った資金量の増加ペースに比べれば、はるかに落ち着いたものだったのです。

●インフレ期待でインフレになる⁉

ドルや株は、人々が値上がりを予想すると買うので、実際に値上がりすることが見込めます。しかし、消費者物価の対象である**財**《ざい》[18]や**サービス**[18]は、人々が値上がりを予想するから買いが増えて値上がりする、というものではありません。

たとえば、理髪《りはつ》の価格が上昇すると予想した人が、来年の分まで今年理髪店に通うことはありませんし、理髪店が今年は休んで来年2倍働くということもありません。メロンの値上がりを予想した人が、今年メロンをふたつ食べて来年はがまんすることも考えにくいでしょう。これは、株やドルと異なり、財やサービスは貯《た》めておけないからです。

耐久消費財であれば、来年の値上がりを予想して、たとえばテレビの買い替え時期を1年早める人がいるかもしれません。しかし、それでもテレビの値上がりは限定的でしょう。国産テレビが不足すれば、テレビの輸入が増えるので、需要の増加が値上がりに直結しないからです。加えて、需要を先食《さきぐ》いした分だけ翌年の需要が落ち込んで値下りするという副作用があるかもしれません。

●景気回復でインフレになる⁉

株高やドル高で、消費が活発化したり輸出が増えたりすれば、景気は回復するでしょう。景気の回復は、財やサービスの需給を逼迫《ひっぱく》させて、値上がりの原因となるでしょう。しかし、実際に値上がりするのは、景気が大幅に回復したあとのことであり、2年程度では難しいでしょう。

財については、需要が増加すれば輸入が増えるので、需給の逼迫で価格が上昇することは容易ではありません。あるとすれば、小売店のコストが高騰《こうとう》して財の小売価格が上昇する場合ですが、これも簡単ではありません。

小売店のコストのうち、家賃はそれほど上がらないでしょう。バブル期に地価が高騰した際も、家賃はそれほど上昇しませんでした。光熱費は、ドル高が進めば上昇します。小売店のコストのなかで重要なのは、人件費です。人件費は、労働力の需給で決まりますが、需給が引き締まるまでには相当長い道のりが必要です。

現在は、多くの企業が余剰労働力を抱《かか》えています。社員の数に比べて仕事が少ないのです。したがって、景気が回復して仕事が増えても、社員が忙しくなるだけで、雇用は増えません。雇用が増え始めても、今度は失業者が減るだけですから、「賃金を上げないと、人が雇《やと》えない」状況になるには、時間がかかります。

失業者がいなくなると、潜在的な失業者が労働市場に参入してきます。女性や高齢者、職探しをあきらめていたフリーターに加え、失業対策として行なわれていた公共投資が行なわれなくなることによって、建設労働者が労働市場に出てきます。

赤字の零細《れいさい》商店主が、働き口がないために店を閉められずにいる場合には、働き口が見つかれば零細商店を閉じることができるようになるでしょう。こうして、非効率的な分野から効率的な分野に労働力が移動することも期待されます。

さらに景気が回復すると、いよいよ労働力の対価である賃金が上昇し始めますが、そうなると企業は省力化投資を積極化するでしょうから、賃金の上昇は景気回復のペースに比べてゆるやかなものとなるでしょう。

また、家賃や賃金などのコストが多少上昇したとしても、それがただちには売値の上昇につながらない、ということも重要です。景気回復によって小売店の売上げ数量が増えれば、売上げ1個あたりのコストはそれほど上昇しないからです。

ここまで、「景気が回復しても、財の価格は簡単には上昇しない」ことを記してきましたが、サービスの価格についても考えかたは同じです。

たとえば、牛丼の主なコストは材料費、家賃、光熱費、人件費ですから、売値に占める仕入れのコストのウエイトは小さいでしょうが、考えかたとしては小売店のコストと大きくは変わりません。したがって、人件費などが若干上がったとしても、景気が回復して牛丼の売上げが増えれば、牛丼1杯あたりのコストは簡単には増えないのです。

●ドル高でインフレになる⁉

ドル高が続くと、輸入物価が上昇しますから、これが消費者物価に転嫁《てんか》されてインフレになる可能性はあります。しかし、これも可能性が高いとは言えません。

日本の輸入額はGDP[19]の6分の1程度なので、単純に計算すると輸入価格が12％上昇すると諸物価が2％上昇することになります（これは単純すぎる議論であって、実際には12％より高い輸入価格上昇が必要です）。

一時的な物価上昇であれば可能でしょうが、このペースを維持するためには、単純に計算して、1ドル＝100円をスタートとして、4年後には1ドル＝150円になることが必要なのです。これは、とうてい現実的ではありません。

●複合効果でインフレになる⁉

ここまで、物価が上がる四つの経路について、それぞれ可能性が高くないことを記してきましたが、これらが複合的に影響すると、話は変わってきます。

ある程度景気が良くなり、財やサービスの需給が引き締まってきた段階で、人々が物価の上昇を予想するとします。そうなると、売り手が強気になって値上げをするようになります。「売り手が他の売り手の値上げを予想すると、自分も安心して値上げをすることができるので、結果として皆が値上げをする」からです。

「ひとりの売り手だけが値上げをすると、客をライバルに取られてしまうが、全員がいっせいに値上げをすると、そうしたことは起きない」ことが「人々が物価の上昇を予想すると物価が上がる」ことの背景にあるのです。

買い手の側も、景気の回復によって、全体としての所得は増えていますから（個人差はありますが）、値上げされても購入量はそれほど減りません。そうなると、売り手はいっそう強気になって値上げをするかもしれません。

そうした状況になれば、消費者物価上昇率が2％を超えることは十分に考えられます。コストが上がって値上げをせざるを得なくなるのではなく、それよりも早いタイミングで利益拡大を狙った値上げが一般化する、というわけです。

もっとも、こうした状態になるには、普通に考えると2年以上かかります。日銀が言うように、「2年程度」のうちに2％が達成できるとすれば、大幅な円安の進行といった条件が今ひとつ加わる必要があるでしょう。

●物価上昇は２％で止まるのか？

いっぽう、ひとたび物価が上昇し始めると、上昇率が高まっていくメカニズムが働きかねません。そこで今度は、２％で止まらずに物価が高騰してしまうリスクが出てきます。

人々がインフレを予想すると、借金をして投資をする企業が増えてきますから、資金が銀行から世の中に出回るようになります。株や土地だけでなく、一般の財やサービスの取引も活発に行なわれるようになるでしょう。そうなると、貨幣数量説的なインフレ（40ページ）も加わるかもしれません。

こうなると、値上げが値上げを呼びますから、物価上昇率は２％を超えて高くなっていきます。そうなると、今度は日銀が金融の引き締めによって物価を抑《おさ》えることになりますが、この場合も２％では止まらずに再びデフレに陥る可能性もあるでしょう。要するに、物価の変動が大きくなるのです。

このように、人々の期待に働きかけて経済を動かすということは、できないことではありませんが、経済のコントロールは困難になります。どの程度金融を緩和すれば、人々の期待がどの程度変わるのかという関係が一定していないため、望ましい期待の変化を実現することが、そもそも容易ではありません。

加えて、ひとたび人々の期待が変化すると、皆がいっせいに行動を変化させるので、経済の様子が一気に大きく変化することになります。たとえてみれば、気まぐれな暴れ馬に乗るようなものです。平穏な旅はとうてい望めません。

しかしそれでも、こうした変動は、日本経済を長期的な低迷から脱却させるためにしかたのない「コスト」と考えることは可能です。このまま徒歩で砂漠を行くよりは、暴れ馬にでも乗ったほうがよい、という消去法的な判断です。

アベノミクスは、暴れ馬に乗ることを選択しました。国民もそれを支持しています。あとは、黒田東彦《くろだはるひこ》日銀総裁が、可能な限り変動を小さくしてくれることを望むしかありません。けっして容易ではないと思いますが、ぜひともがんばっていただきたいと思います。

4　バブルは起きるか？

●バブルの兆候《ちょうこう》

アベノミクスでドルや株が急激に値上がりしたことで、バブルではないか、という声が聞こえてきました。

しかし、二〇一三年五月下旬に株価が大きく下落したことで、そうした声はほとんど聞かれなくなりました。実際、38ページで論じたように、現在の水準はいまだ「高すぎるかもしれない」と考える必要はないようなので、現時点（二〇一三年十月）では、バブルとは言えないでしょう。

ちなみに、これは値下がりの可能性を否定するものではありません。相場はどちらに動くかわからない、ということは非常に重要です。ここで言いたいのは、仮に今後株価が値下がりしたとしても、バブルだったとは言われないだろう、ということです。

では、バブルの兆候は見えるでしょうか？　現時点では、明確な兆候は見られないようです。バブルの兆候のひとつは、今まで株式投資などとまったく縁《えん》がなかった多くの人々が、「隣人がもうかったらしいから私も」と考えて株式投資を始め、全員参加型で盛り上がることですが、こうした現象は、現時点では見られません。

長期国債は、一時的に価格が急騰してバブル的な様相を見せましたが、現在では比較的相場も落ち着いていますから、バブルとは言えないでしょう。

現時点でバブルの兆候が見られないとして、今後もバブルは起きないのでしょうか？　そうとは言えません。では、今後、どのようなバブルが起き得るのかを考えてみましょう。

●バブルには2種類ある

バブルを検証すると2種類に分かれます。

ひとつは、筆者が「他力本願型バブル」と呼ぶもので、人々が「この株は割高だが、当分の間は他人が買うから、さらに値上がりするだろう。自分も買おう」と考えるバブルです。

今ひとつは、筆者が「惚《ほ》れ込《こ》み型バブル」と呼ぶもので、投資家が投資対象に惚れ込んでしまうので、バブルであることに気づかないものです。たとえば、「日本経済はすばらしいから、株価がこれくらい高いのは当然だ。むしろ、さらに上がるべきだ」などと考える場合です。

もちろん、市場参加者のなかには、さまざまな考えの人がおり、多くのバブルには両方の要素が含まれていますが、どちらが主であるかによって、バブルの性格が変わってきます。

一般の人が「バブル」という言葉から連想するのは前者でしょうが、タチが悪いのは後者です。前者であれば、政府がバブルを潰《つぶ》すことは容易ですが、後者の場合は、バブルであることに政府が気づかないために、バブルを潰すことが容易ではないのです。このあたりについては、第6章で詳述します。

アベノミクスで「惚れ込み型バブル」が起きるとすると、もっともありそうなのは、成長戦略と絡《から》んだ局所的なバブルです。たとえば:iPS細胞の連想で医薬品関連株のバブルが起きるかもしれませんし、日銀によるREIT《リート》[20]の大量購入と都市開発の規制緩和が相乗効果をもたらし、都心の地価だけが猛烈に上がるかもしれません。

もっとも、こうした局所的なバブルは、全員参加型にはならないでしょうし、崩壊した場合の日本経済への打撃も限定的でしょう。

全面的な株高のバブルも、起こらないとは限りません。もっとも、36ページで見たように、日本経済は少子高齢化で衰退していくというイメージが定着していますから、平成バブル（第3章）のような「ファンダメンタルズから見て、値上がりして当然」という惚れ込み型バブルの可能性は小さいでしょう。

ありそうなのは、「日銀が金融を緩和している間は、他の投資家も買うだろうから、上がり続けるだろう。だから、自分も買おう」といった他力本願型バブルです。

前提となるのは、「日銀は緩和を続けざるを得ない」という市場の共通認識です。先に見たように、物価が2％上昇する可能性は高くありません。市場参加者の多くも、物価はそれほど上がらないと考えています。そうなると、日銀は緩和を止めることができません。物価上昇率を2％にするのが日銀の目標ですから、2％になるまでは金融を緩和し続ける必要があるのです。

いっぽうで、「緩和はドル高要因である」という「偽薬効果」は、今後も続く可能性があります。「これまで、緩和でドルが高くなってきたのだから、今後も緩和が続けばドルが高くなるだろう」と人々が信じれば、実際にドルが高くなるからです。

景気が回復してくると、企業収益が改善してきますから、株高はいっそう進みます。加えて、「金融緩和は株高要因である」と信じる人もいるので、そうした「偽薬効果」がドル高と同様に作用します。

こうなると、人々が「緩和が続く→ドルと株の値上がりが続く」と考えて買い続けるので、緩和が終了するまで（厳密には市場に緩和終了の噂《うわさ》が流れるまで）、ドルと株価は上昇を続けることになります。まさにバブルです。

●バブルの入口

他力本願型バブルは突然崩壊し、その際には暴落するので、大変危険です。惚れ込み型バブルであれば、崩壊は比較的ゆるやかなので、売り逃げることも不可能ではありませんが、他力本願型バブルは売り逃げることが難しいのです（第6章で詳述）。

したがって、基本的には他力本願型バブルに参戦することはおすすめできませんが、いくつかのタイミングについて申し上げておきます。

バブルが始まるタイミングはわかりません。通常の価格上昇とバブルの境目《さかいめ》はあいまいです。ファンダメンタルズに照らした適正な値段というものがよくわからないからです。したがって、人々の間に「すこし上がりすぎたのではないか」「こんな高値でだいじょうぶか」といった声が増え始めたら、バブルの入口だと考えるしかなさそうです。

バブルが本格化するのは、全員参加型になった時と考えてよいでしょう。要するに、今まで外貨投資や株式投資の経験がない人々が、隣人がもうけたという話を耳にしていっせいに投資を始めた段階で、バブルが本格化したと考えましょう。それ以前の段階でバブルが崩壊する可能性も、もちろんありますが、その場合には比較的打撃が少ないと考えてよいでしょう。

全員参加型になると、相場は糸の切れた凧《たこ》のように上昇する可能性があります。ここからは危険水域です。多くの人々が株価は高すぎると感じながらも、単に「他の投資家が買うから」というだけの根拠で買っているわけです。そして、他の投資家が買う根拠は、「日銀は金融緩和を止められないから」だけです。

しかし、日銀が緩和を止めないという保証はどこにもありません。「２％を目標にしたが、目標達成よりもバブル潰しのほうが大事なので、緩和はやめた」と突然宣言されたら、バブルは一気に崩壊して、ドルも株も暴落します。

日銀が動かなくても、市場で「日銀が緩和をやめるらしい」という噂が流れただけでも、バブルは崩壊するでしょう。

バブルに参戦するか否かは、オール・オア・ナッシングで決めるものではありません。たとえば、バブルの入口までは比較的大きな金額を投資するが、バブルが始まったら半分売る。バブルが本格化したら、大半は売り、宝くじを買う感覚で、こづかいの範囲内で参戦するという戦略もあり得ると思います。

とにかく大事なことは、他力本願型バブルは危険だということです。くれぐれもお気をつけください。

●東京オリンピックで、バブルになるか？

二〇二〇年に東京でオリンピックが開催されることになりました。決定当初は株価がやや上昇しましたが、反応は限定的でした。マスコミが報道した、東京都試算の「経済効果」が3兆円という小規模なものであったため、景気や経済成長に対する期待がそれほど高まらなかったためでしょう。

今後、オリンピックに向けたインフラ（橋や道路や鉄道など）の建設計画などが明らかになるにつれて、局部的に地価が高騰する場所もあるでしょうが、これも東京全体の地価を押し上げるほどの力はなさそうです。また、海外からの旅行客といっても、大会開催中の2週間、都内のホテルが満室になるだけでは、たいした経済効果は見込めません。

実際、二〇一二年の開催都市・ロンドンや二〇一六年の開催予定都市・リオデジャネイロなどを見ても、バブルとはほど遠い状況です。したがって、東京オリンピックが単独でバブルを呼ぶことは考えにくいでしょう。

しかし、東京オリンピックの影響が試算値よりもはるかに大きくなることは考えられます。それは、インフラ投資に対する潜在的な要求が一気に表面化する場合です。

二〇一二年末に起こった、中央自動車道笹子《ささご》トンネルの天井板落下事故で明らかになったように、日本には高度成長期に造られ、老朽化しているインフラが大量にあります。それらは、いつかは更新（または補強）する必要があります。いっぽうで今後、少子高齢化が進めば労働力が不足するので、そうなる前に工事をしたいという潜在的な需要は大きいものがあります。

こうした更新需要が、オリンピック開催を機に一気に表面化すれば、巨額の公共投資が行なわれるかもしれません。財務省としても、「オリンピック中に地震が来てもだいじょうぶなようにインフラを更新しよう」と言われると、断わりきれないかもしれません。

特に、二〇一四年四月からの消費税の増税分については、「オリンピック後は社会保障に用いるが、それまではインフラ整備に使おう」という声が強まるかもしれません。そうした場合には、アベノミクスとの相乗効果で株価が大きく上昇し、バブルが発生する可能性もあるでしょう。

第2章

バブルの世界史

●世界の歴史からバブルを見る

バブルは、古くから何度も繰り返されてきました。戦後のバブルについては第3章以降で見ることとして、本章では、戦前のバブルの歴史を見ることにしましょう。

欧米のバブルついては、種々の文献を参照しつつ、代表的なものを四つ採り上げます。日本でも、明治初期に「うさぎバブル」が発生しています。これらを含め、検証していきます。

1 チューリップ・バブル（オランダ）

バブルの歴史のなかで、おそらくもっとも有名なものが、十七世紀にオランダで発生し、「チューリップ狂《マニア》（Tulipomania）」と呼ばれたチューリップ・バブルでしょう。

当時のオランダは経済が発展、人々は所得が増え、消費を楽しみ、経済の先行きに自信を持っていました。加えて、スペイン軍の脅威が消えて、国の将来に対する大きな不安が取り除かれました。そして、「オランダ経済の奇跡」によって、アムステルダムが世界貿易の中継基地の立場を確保していました。これは、バブルが発生しやすい状況だったと言えるでしょう。

経済の好調を映じて、株価も住宅価格も急速に上昇しました。しかし、本格的な投機の対象となったのは、株や土地などでなく、チューリップの球根でした。その理由は、定《さだ》かではありません。

チューリップは、地中海東部が原産で、ヨーロッパには十六世紀に伝わりました。舶来《はくらい》の花として人気を集めましたが、なかでも珍しい種類の花を展示することがブームとなり、珍しい種類の球根に対する需要が増え、価格が上昇していきました。

価格が上昇すると、高価な花を展示して富《とみ》を誇示しようとする人が出てきて、いっそう価格が上昇しました。そうなると、値上がりを見越して金もうけのために買う人が増え、さらに価格が上昇しました。

価格が高騰してくると、取引の主体が収集家から投機家に移っていきました。投機家といっても、プロだけではなく、一般の人々が投機のために球根を買うようになったのです。

もともと、チューリップ球根の市場規模はそれほど大きくなかったので、投機の対象になると、市場規模に不釣り合いな金額の投機資金が流入して、急激に値上がりしました。

そして、価格の上昇により、ますます多くの人が投機に参加するようになりました。また、すでに投機に参加している人々は、価格の上昇を見て、自分の行為の正しさを確認し、さらに大きな金額を投機に注《つ》ぎ込みました。こうして、価格の上昇と投機はスパイラル的に自己増殖を続けていったのです。

投機に参加する人が増加するとともに、投機の対象も広がっていきました。当初は本当に珍しい種類の球根だけが投機の対象でしたが、それが次第に広がり、のちにはそれほど珍しくもない球根が平均的な年収の数倍で取引された例もあったようです。

投機が活発化するにつれて、次第に取引の形態が変化していき、「春になったら球根を引き渡す」という約束と引き換えに代金を支払うようになりました。今風に言えば、チューリップ球根の**先物取引**《さきものとりひき》[21]ということになります。

これにより、買い手は球根を受け取る前に他人に売ることができます。「春になればA氏から球根を受け取ることになっているから、受け取ったら貴兄に引き渡すと約束する。だから代金を支払ってほしい」と言い、売却するのです。

こうなると、短期間に同じ球根（の先物）が何度も取引され、そのたびに価格が上昇していくことになります。問題は、その間に嘘《うそ》つき（球根を引き渡すつもりがない売り手）がひとりでも含まれていると、春になっても球根が引き渡されない可能性があったことです。

いっぽうで、買い手のなかにも、「春になったら支払う」という手形を渡しただけで、支払うつもりがない人が少なからず含まれていたようです。バブル期の常《つね》として、取引参加者の脇《わき》が甘くなり、それが詐欺師《さぎし》の横行を招くのですが、当時もそうだったのです。

オランダ政府は、バブルが拡大して、人々が非合理的な投機に熱中している間も、特段の対策を講《こう》じませんでした。人々は、これがバブル熱だと認識して取引をしていました。そこで、投機家の多くは、球根を購入するとただちに転売して売り抜けようとしました。

こうした時にバブルが崩壊すると、価格が文字どおり暴落します。バブルの崩壊は、一六三七年二月三日でした。

暴落は、特段の出来事もニュースもないなか、突然起こりました。取引所で買い手がいなくなったという噂が流れ、翌日には値段がつかなくなったのです。第3章以降で詳述する平成バブルもＩＴバブルもアメリカの不動産バブルも、株価がピークをつけたあとに一気に暴落したわけではなく、値段がつかなかったこともありません。それに比べると、はるかに急激な下落だったことになります。

チューリップ・バブルは、合理的に考えれば、起きるはずのないバブルでした。花びらに斑模様《まだら》のある珍しい種類の花が咲いたとしても、翌年にはその球根から普通の花が咲く可能性も十分にあるからです（当時は知られていませんでしたが、珍しい花が咲く原因のひとつはウイルスへの感染でした）。

つまり、斑模様の花を見せられて、「この球根を来年春に引き渡す」と言われても、それを買うのは合理的な行為とは言えなかったのです。それでも、人々が投機に熱中したのですから、バブル（当時、この言葉は使われていなかった）が人々の冷静な判断を狂わせたということなのでしょう。

興味深いのは、チューリップ・バブルが崩壊した100年後に、同じオランダでヒヤシンス・バブルが発生し、チューリップ・バブルと似たような顚末《てんまつ》となったのです。バブルは繰り返されるのです。

2 ミシシッピ・バブル(フランス)

ジョン・ローという実業家が、十八世紀のフランスで大きなバブルを引き起こしました。それは、ルイ十四世の逝去《せいきょ》後、摂政オルレアン公《こう》フィリップ二世の治世《ちせい》でした。フランスは財政赤字に悩み、国債の価格は額面《がくめん》の数分の1にまで暴落していました。そこに、アドバイザーとして現われたのがジョン・ローです。

当時は貨幣の時代で、紙幣はありません。そこで、ローは銀行（のちに王立銀行となります）を設立し、紙幣を発行しました。いつでも金貨・銀貨と交換するという約束で発行された紙幣は、持ち運びに便利であるなどから人気になり、金貨・銀貨よりも価値があるとされ、人々は喜んで金貨・銀貨を紙幣に取り換えました。

ちなみに、いつでも金貨あるいは銀貨と交換するという約束で発行された紙幣を兌《だ》換《かん》紙幣、そうした約束のない紙幣（現在の先進国の紙幣など）は不換《ふかん》紙幣と呼びます。

次に、彼は「ミシシッピ会社」を設立します。この会社は、新大陸（北米大陸）でフランスが支配していた地域（現在のアメリカのミシシッピ川流域。当時、ルイジアナ地方と呼ばれたが、現在のルイジアナ州よりもはるかに広い地域）で、通商権と開発権を与えられていました。開発権には、新大陸での金鉱発掘なども含まれていました。

そのため、ミシシッピ会社の株式には人気があり、高値で取引されました。そこで、同社は株式を大量に発行して資金を得て、インド貿易の権利、タバコの専売権、貨幣鋳造権《ちゅうぞうけん》、徴税権などを購入しました。

さらに、同社はルイジアナに新都市を造ります。現在のニューオリンズです。この開発は、ミシシッピ川流域の海面より低い土地で湿地帯だったため、マラリアと闘いながらのもので、大変な苦労をともないました。

また、同社は広大な土地で金鉱の開発を行なうことになっていましたが、実際にはほとんど行なわれていませんでした。増資によって調達された資金の多くは、金鉱の開発に用いられたのではなく、フランス国債の購入に充《あ》てられていたのです。

ミシシッピ会社の株価が上昇した理由は、無限の可能性を秘めた新大陸への夢でした。しかし、人々は企業の実態をあまり知らず、夢だけを求めて投資をしていたため、結果として、企業の価値とかけ離れた高値で取引されたのです。

人々は同社の事業内容を知らずに、「他の人々が買うのだから、良い会社なのだろう」「株価が高すぎるか否かわからないが、他人が買うだろうから、さらに値上がりするだろう」と考えて、投資（あるいは投機）に熱狂していたのです。バブルと呼ばれる所以《ゆえん》です。

同社株の購入代金が分割払いとなっていたことも、投資家（および投機家）が参入しやすい条件でした。わずかな手持ちの現金で、大量の株式を購入することができたからです。

ミシシッピ会社のバブルが拡大した大きな理由のひとつが、金融が緩和されていたことでした。金融が緩和されていたのは、王立銀行（当時のフランスの中央銀行）が紙幣を大量に発行していたからです。いつのまにか、王立銀行は、保有する金貨・銀貨よりも多くの紙幣を発行するようになっていたのです。

そして、人々は争ってミシシッピ会社の株式を購入しました（＝増資を引き受けました）。同社は、増資によって得た資金で国債を購入したので、同社に国債を売却した人々は紙幣を手にして、売却代金でさらに同社の増資を引き受けました。場合によっては、フランス国債を直接用いて増資の引き受け代金に充当した例もあったようです。

こうして、市場に流通する国債は減少し、その代わりに同社株が市場に出回っていったのです。この間、増発された紙幣は株式や国債の取引で忙しく動き回っていたため、金貨・銀貨との交換を銀行に申し出てくる人はいませんでした。

バブルは無限には続きません。株価の高値が続かないと考えた人々のなかには、株式を売却して受け取った紙幣を銀行に持参して、紙幣を金貨・銀貨と交換する人が増えてきました。しかし、王立銀行には十分な金貨・銀貨はなく、王立銀行が紙幣を持参してミシシッピ会社から金銀を購入しようとしても、同社も金銀を持っていなかったので、王立銀行は金貨・銀貨との交換に応じることができませんでした。

こうして、人々は何が起きていたかを知ることとなり、同社の株式の人気は消え、バブルは崩壊したのです。

さて、同社は大量のフランス国債を購入していました。さらに、フランス国債残高のすべてを買収するという計画まで発表していました。問題は、当時のフランス政府の財政赤字が深刻で、フランス国債の信用力が非常に低かったことです。同社の設立じたい、ジョン・ローがフランスの財政難を救うために考え出したものとすれば、そうした計画は自然なことでした。

しかし、同社がフランス国債を購入した動機については、「フランスという強大な帝国そのものをM&A[22]によってまるごと乗っ取るプロジェクト」であったとする説もあります。フランス政府の財政難を救うことと引き換えに、徴税権などの特権を次々と手に入れていったことを指しているとすれば、そうした可能性は否定できないでしょう。

慶應義塾大学の竹森俊平《たけもりしゅんぺい》教授は、著書『資本主義は嫌いですか』のなかで、評論家ジェームズ・マクドナルドの論説――ミシシッピ会社のシステムは、無価値な証券であるフランス国債を人気ある証券に転換する「錬金術《れんきんじゅつ》」である――を紹介しています。

実際には、ミシシッピ会社の株価が高騰したために、増資により資金調達ができて、フランス国債を購入することができたのですが、現象だけを見ると、フランス国債を人気株式に転換して、高値で売却したことになっていたわけです。

余談ですが、竹森教授の引用によれば、マクドナルド氏は「サブプライム・ローンを証券化して売却していた、二〇〇〇年代前半のアメリカ住宅バブル当時の手法について、そのさきがけがミシシッピ会社だった」としているようです。相違点は数多くありますが、物事の本質（価値の低いものを人気の証券に転換すること）が似ているという意味では、興味深い考察と言えるかもしれません。

ジョン・ローという人物の評価は天才、詐欺師などさまざまです。しかし、自分の全財産を自分の事業に注ぎ込んだところを見ると、他人を騙《だま》すつもりはなく、自分の事業に自信を持って取り組んだ天才だったと考えるべきでしょう。

兌換紙幣を発行して経済を活性化するという発想じたいは、まったく正しいものでしたし、ルイジアナを開発したことも長期的には正しいものでした。

もっとも、株価がバブルになったのは不運でした。その際に金融を緩和したことは、後知恵《あとぢえ》で考えれば失敗でしたが、当時の彼の立場を考えれば、しかたのない面も多かったように思います。

3 南海泡沫《なんかいほうまつ》事件（イギリス）

一七一一年、イギリスで「南海会社」という会社が設立されました。同社には、イギリス政府から南米などにおける通商独占権が与えられていました。

南米はスペイン領であり、イギリス船の貿易が厳しく制限されていたこともあって、貿易事業はあまり活発ではありませんでしたが、株価は上昇していました。スペインが貿易制限をゆるめたといった嘘の情報が流されたり、それに尾ひれをつけた噂が流れていたからです。

同社の株価は、一七二〇年に急騰します。イギリスの国家財政を援助するために国債を引き受ける見返りとして、奴隷《どれい》貿易の独占権などを得たことが契機となりましたが、奴隷貿易がよほどの利益をもたらすのでない限り、株式を発行して得た資金で国債を購入するという行為じたいは、株価を押し上げるものではありませんでした。

特に、同社は一部の投資家に対して、価格が下落していた国債を額面で計算して株式購入代金として充当させましたが、そうした行為は、理屈で考えれば株価を下落させる要因だったはずなのに、株価は急騰したのです。タイミング的に、隣国フランスでジョン・ローのミシシッピ会社の株価が暴騰を続けていたため、南海会社もその連想で株価が暴騰した、という面も強かったようです。

株価の高騰に対して、イギリス政府は特に規制はしませんでした。南海会社の株価が上がれば、同社がより多くの国債を購入してくれるので、イギリス政府にメリットがあったからですが、政府要人の多くが「南海会社の株価が上がれば、現金が受け取れる権利（現在のストックオプションに似たもの）」を賄賂《わいろ》として受け取っていたため、彼らが株価の吊《つ》り上《あ》げを図《はか》ったことも一因と言われています。

同社は、ミシシッピ会社に倣《なら》い、株式購入代金を分割で払い込むことを可能にしたため、投資家（および投機家）は、少ない資金で多くの株式を購入することができ、これも株価高騰の一因となりました。

株価の急騰によって、多くの人々が突然金持ちになり、それを見てさらに多くの人々が投機に参加しました。人々は熱狂していたと言われています。老若男女を問わず、富者《ふしゃ》と貧者《ひんじゃ》をも問わず、皆が投機に熱中していたのです。

会社側が虚偽《きょぎ》の情報を流すなどの詐欺行為を行なっていたこともあり、高い株価に相応《ふさわ》しいすばらしい会社だと信じていた人もいたのかもしれません。しかし、投機に踊っていた人々の多くは、南海会社の将来性を買っていたのではなく、「他人が買うから株価はまだ上がるだろう」と考えて、株を買っていたのです。典型的な「他力本願型バブル」でした。

天才物理学者アイザック・ニュートンは、「天体の運動なら計算できるが、群衆の狂気は計算できない」との名言を残しています。

興味深いのは、株価が高すぎると正しく理解して、保有していた南海会社の株式を一度売却したニュートンが、のちに同じ株をさらなる高値で購入していることです。人々が狂っている時には、自分も同じように買えばもうけられると考えたのでしょう。結果として、株価が暴落して大損をしたのですが、これを「ニュートンは愚《おろ》かだった」と、かたづけてよいか否かは議論のあるところです。

さて、南海会社への投機熱を見た人々のなかには、これに便乗してもうけようと考えて会社を設立する人がいました。

さまざまないかがわしい会社が設立され、株式を発行して資金を調達するようになりました。「事業の内容は後日《ごじつ》発表するが、高配当だけは約束する」という会社の株式に応募した人も多数いました。当然、詐欺だったわけですが、そんな詐欺に騙されるほど、人々は投機に熱中していたのです。こうした会社は、泡《あわ》のように多数設立されたので、「泡沫会社《ほうまつがいしゃ》」と呼ばれました。

これが、「バブル」という言葉の起源です。南海会社の株価が投機により値上がりしたことではなく、便乗したあやしげな会社が生まれては消える様子がバブルの元来の意味だったのです。

しかし、今では南海会社の株価が投機によりファンダメンタルズから説明できないほど（＝経済の実態から考えて説明が困難なほど）上昇したことがバブルと呼ばれ、同様の現象が広くバブルと呼ばれるようになっています。

泡沫会社も南海会社もその他の会社も、多くの株式を発行しましたし、株価も高騰したので、ロンドン株式市場の時価総額は一六九五年から一七二〇年の間に100倍になりました。

結局、イギリス政府が泡沫会社を禁止する命令を出し、泡沫会社の株価が暴落して、事態は収束に向かいました。投機資金が泡沫会社に投じられるのを見て、南海会社が「投機資金をわが社の株に集中させるため、泡沫会社を禁止してもらおう」と考えて政府に働きかけた、との説もあります。

南海会社の株式の値上がりも、無限には続きませんでした。あるところまで来ると、さすがに高すぎると考える人が増え、売り抜けようという人が増えました。「明日は他の人が今日よりも高値で買うだろう」という予想にもとづいて、人々は投機にはげんでいたので、明日は今日より値下がりするかもしれないと人々が考えるようになると、売りが売りを呼び、株価は急激に値下がりしていったのです。バブルの崩壊です。

泡沫会社の株価が暴落したことが、南海会社の株価についても暴落を連想させ、南海会社株の暴落の引《ひ》き金《がね》になったとする説もあります。南海会社の株を担保に借金をして、その借りた資金で泡沫会社の株を買っていた投資家（および投機家）は、泡沫会社の株価が暴落した時に借金が返済できず、担保となっていた南海会社の株を売却したため、それも南海会社の株価暴落の一因だったとも言われています。

さて、南海会社の株価の高騰は他力本願型バブルでしたが、泡沫会社の株価も同様でした。多くの投資家が「明日は今日より値上がりするだろう。それは、人々が明日は今日より高い値段で買うからだ」と考えて、他力本願型バブルに踊っていたのです。だからこそ、「もう上がらない」と人々が考えた時点で、株価が暴落したのです。

なお、バブル期には人々が浮利《ふり》を得て贅沢《ぜいたく》をする、投資家の眼が欲に眩《くら》むために詐欺師が横行する、人々の倫理観がゆるんで腐敗が横行する、といったことが起こりがちですが、南海泡沫事件においても、顕著《けんちょ》に起きていました。

4　うさぎバブル（日本）

日本でも、明治初期にバブルがありました。そもそもの発端は、うさぎの飼育がブームになったことでした。うさぎは見た目にもかわいく、肉は食用にでき、毛皮は服に使え、繁殖《はんしょく》も簡単という理由でした。

そのうちに、珍しい毛色のうさぎが高値で取引されるようになり、一般市民を巻き込んでバブル化しました。飼育目的ではなく、高値で転売するだけの目的で購入する投機家も多く、値段は短期間で急激に上昇していきました。高いものは、なんと１羽＝５００円（米15トンに相当）もしたようです。白いうさぎに着色をして、珍しい毛色に見せ、高値で売却するなどの詐欺も行なわれていたようです。

こうしたなか、娘を売ってうさぎを買ったり、破産する者が現われ、ついに殺人事件まで発生しました。うさぎを飼っていた東京の親子が、うさぎの売却価格でもめているる間にうさぎが突然死したためケンカとなり、息子が親を突き飛ばして死亡させたのです。

　こうして、うさぎバブルは社会問題となっていきました。うさぎは競売にかけられ、集会では人々がうさぎに優劣をつけて競い合っていました。

　ついに、東京府は一八七三（明治六）年一月に「兎会《とかい》集会」禁止条例を制定、大人数でうさぎの競売をすることを禁止しました。しかし、うさぎの飼育および売買じたいは規制の対象になっておらず、奸商《かんしょう》（不正な手段で利益を得ようとする悪徳商人）は暗躍していましたし、茶屋などで隠れて競売会を開催する者もいて、条例は実効が上がりませんでした。

　これに対し、東京府は一八七三年十二月、新たな条例（東京府布達《ふたつ》「兎取締ノ儀《うさぎとりしまりのぎ》」）を制定しました。うさぎを所持する者は届け出る義務があること、1羽飼育すると1カ月1円（米30キロに相当）の税がかかること、無届けの飼育には1羽2円の罰金がかかること、などを定めたものです。

　この条例により、取り締まりの実効が上がるようになり、うさぎバブルは崩壊しました。しかし、投機熱が冷めたのはよかったのですが、純粋な飼育目的で飼われていた大量のうさぎが処分される（食用にされる、殺されて不法投棄される）など、副作用もありました。

また、バブルに踊っていた投機家たちのなかには、破産する者もありました。バブルは長続きしないので、投機に踊っている人のなかには、タイミングによって大損をする人が出てきます。これは、バブルの常と言ってもよいでしょう。

5　狂騒《きょうそう》の二〇年代（アメリカ）

一九二九年の世界恐慌の端緒《たんしょ》になったのは、同年十月のニューヨーク証券取引所での株価大暴落ですが、これはバブル崩壊によるものでした。当時のアメリカは、ヘンリー・フォードによる自動車の大量生産方式が幅広く取り入れられ、産業界での生産の効率化が一気に進んでいました。

生産力が急激に伸びるいっぽう、物価は安定しており、人々の暮らしは飛躍的に豊かになっていきました。そして、アメリカはイギリスから世界最大の工業国の地位を奪い、アメリカ国民の多くは、「永遠の繁栄」が約束されていると考えていました。**景気循環**[23]のない「新時代」を迎えたという認識も広まっていました。一九一三年に**連邦準備制度**[24]が設立され、景気調節を担《にな》うことになったこと、経営の進歩によって在庫水準が低下し、在庫変動による景気循環がなくなったこと、などが根拠とされていました。

そうしたなか、バブルが発生しましたが、その発端は意外なところにありました。一九二〇年代半《なか》ばに、フロリダで不動産投資ブームが起こったのです。人々が急速に豊かになり、自動車が普及しつつあったため、ニューヨークなどから自動車で行けるリゾート地として注目が集まったのです。はじめは、実需にもとづく値上がりでしたが、次第に値上がりを期待した買いが増え、価格はファンダメンタルズから乖離《かいり》して上昇していきました。バブルの始まりです。

バブル期の常として詐欺師が横行しますが、それを許すのは慎重さを欠いた投資家の行動です。フロリダでは、利用価値がほとんどない土地までもが高値で売買されました。実地を見ず、物件についても調べずに、不動産業者（実態は詐欺師）の言うなりに投資（実際は投機）をする人が多かったということです。

フロリダの土地バブルは、一九二六年に崩壊します。きっかけはハリケーンの襲来でしたが、これはあくまでも引き金にすぎませんでした。ハリケーンの被害から回復したあとも、不動産価格は元には戻らなかったからです。

ここで、奇妙なことが起こります。フロリダでバブルが崩壊して、多くの投機家が損失を被《こうむ》ったすぐあとに、ニューヨークの株式市場でバブルが発生するのです。契機は一九二五年と一九二七年の**公定歩合**《こうていぶあい》[25]引き下げでした。この点は、日本の平成バブル（第3章）と似ています。

当時のアメリカは、空前の繁栄を謳歌《おうか》していました。そうした時に金融が緩和されれば、バブルが発生しても不思議ではありません。人々がフロリダのバブル崩壊に学ばなかったことは不思議ですが、それほど投機熱が強かったということでしょう。

多くの人々が投資あるいは投機に参加するようになり、人々は熱狂していました。買いが買いを呼び、株価（ニューヨーク・ダウ）は8年で5倍になっていました（図表4）。経済の専門家は、一九二〇年代後半の株価上昇を「歴史的勃興《ぼっこう》」と呼びました。バブルの特徴として、高すぎる株価を正当化する「理論」が登場するのですが、今回はアメリカ経済が「新時代」に入った、ということがその理由でした。

長期的なデータを用いて、株式投資と債券投資を比較すれば、長期的には株式投資のほうが利益率が高いこと、ピークで株式を購入したとしても、長期間持ち続ければ高い確率で証券投資よりも高い利益が得られること、などが株式投資を正当化する「理論」として唱えられました。

これは、バックミラーを見ながら、車を運転するようなものですが、人々は自分の行動を正当化してくれる「理論」に飛びついたのです。

多くの人々が投機に興《きょう》じることができた一因は、「ブローカーズ・ローン」という貸し付けです。株を担保に借金をして、それで投資を行なえば、最大で手持資金の10倍まで株を買うことができたのです。

FRB[24]は、投機を抑制するために利上げをしましたが、株価上昇を見込んだ投資家（および投機家）にとっては、ブローカーズ・ローンの金利は抑制要因とはなりませんでした。企業は、増資によって資金を調達し、その資金を投資家（および投機家）

図表4　大恐慌前後のニューヨーク・ダウの推移

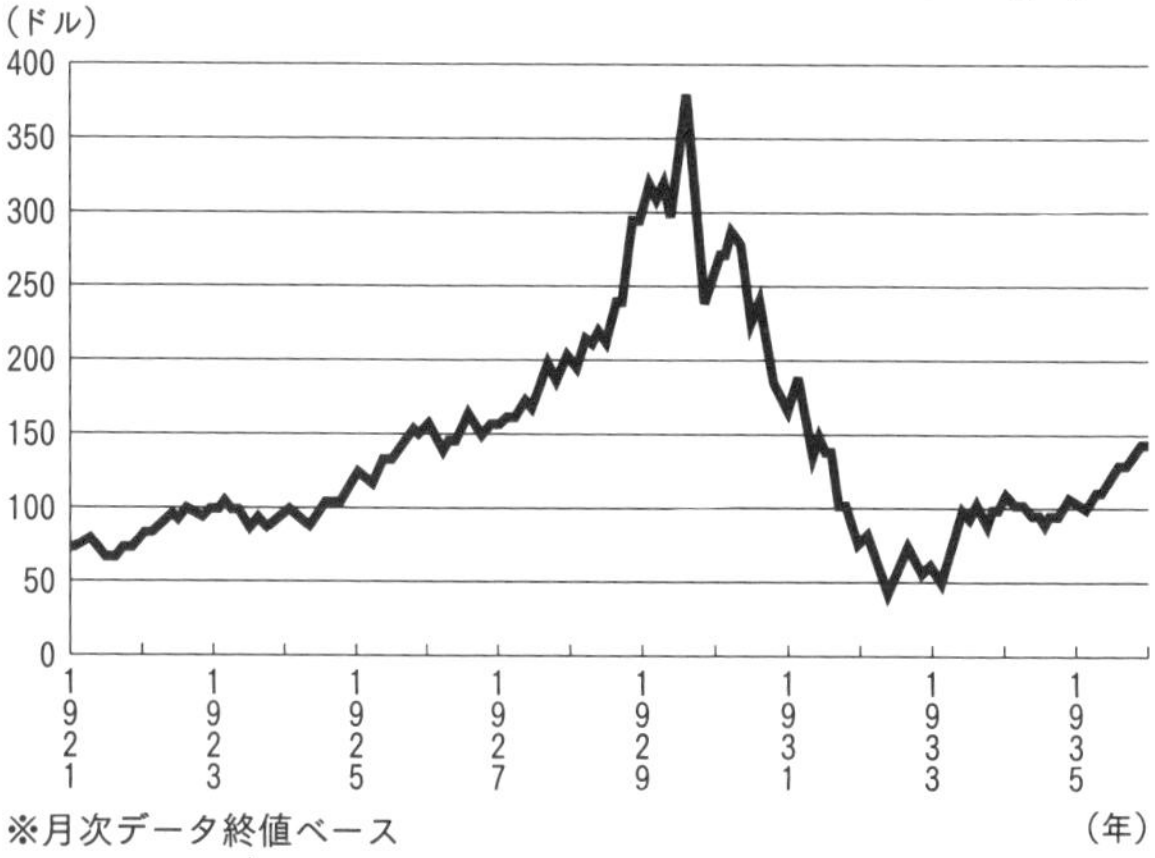

※月次データ終値ベース

（出所／Bloomberg）

に融資しました。これにより、企業は利益を得て、市場には潤沢《じゅんたく》な投機資金が供給されたのです。

ジョン・F・ケネディ大統領の父親は、アメリカ有数の実業家でしたが、「靴磨《くつみが》きまでもが株の話に夢中になっている。これは異常だ」と感じて、手持ちの株をすべて売り払ったと言われています。一九二九年九月のことです。

それほど、人々が株式投機に熱中していたのでしょう。

しかし、バブルはいつか崩壊します。今回のバブルは、特に何かが引き金を引いたということではなく、自《みずか》ら崩れていきました。何のきっかけもなく株価が暴落したのです（図表4）。一九二九年十月二十四日、「暗黒の木曜日」のことです。

皮肉なことに、ＦＲＢによる利上げは、実体経済にはすでに影響を与えていて、株価が暴落する前に失業者が大幅に増加していました。金融引き締めは、目的であった投機を抑制するには不十分でしたが、実体経済には十分な打撃となっていたのです。

株価は3年ほどでピークの9分の1に下がりましたが、「惚れ込み型バブル」であったため、株価は一気に暴落したわけではありませんでした。一度暴落した株価は、その後「永遠の繁栄」を信じる多くの人による買いによってある程度持ち直し、その後に本格的な下落が始まったのでした。

株価の暴落とともに、アメリカ発の世界恐慌が広がっていくことになります。その意味では、世界史上最大の後遺症《こういしょう》をもたらしたバブルでした。

第3章

平成バブルは、日本をどう変えたか?

1　発生と膨張《ぼうちょう》のメカニズム

●日本経済の絶頂期

日本で、平成バブルが発生したのは一九八〇年代後半です。当時、「日本経済は世界一」と言われ、「日本は、もうアメリカから学ぶものはない」などと豪語する人もいました。こうした日本経済に対する奢《おご》りがバブルの背景だったのですが、当時の日本経済は、そうした奢りを許すほど絶好調だったのも事実です。

なお、一九八〇年代後半から一九九〇年代初頭にかけて、日本で発生したバブルについては、決まった呼びかたは特にありませんが、本書ではわかりやすさを重視して、「平成バブル」と呼ぶことにします。

一九七三年の高度成長の終了後も、日本経済は安定成長を続けました。年率4％程度の成長が続き、経済規模が拡大したこともありますが、この間の変化として特筆されるべきは、日本製品が低品質低価格から高品質高価格に進化したことです。

高度成長期の日本経済は量的拡大（大量生産により生産量を増やすこと）を追求しており、日本製品は品質よりも価格の安さで、世界中に売られていました。

しかし、石油ショックによって高度成長が終了すると、日本経済は一転して高付加価値化を目指します。そして、わずか十数年で「日本製品は高品質だから欲しい」と世界中から言われるまでになったのです。

●プラザ合意

一九八五年には、プラザ合意がありました。これは、アメリカの経常収支赤字が大きすぎるので、ドルを安くして事態を改善しよう、という国際会議です。日本から見れば、円を高くして日本の経常収支黒字を減らそう、ということになります。

プラザ合意後、急激かつ大幅な円高が進みました。1ドル＝240円付近から120円付近まで、2年あまりで円の対ドルレートが約2倍になりました。しかし、日本の経常収支はほとんど減りません。円建てでは減っていますが、当時は経常収支をドル建て統計で論じていたので、むしろ増えたととらえられていたのです。

これが、アメリカ国民にとっては「日本に抜かれる」というあせりを生みました。当時、貿易摩擦や日本叩《たた》き（ジャパン・バッシング）の動きが活発化しましたが、これは純粋に日本製品に負けて損失を被ったアメリカ産業界の自己防衛というより、アメリカ国民のあせりといらだちに起因したものだったようです。

その証拠に、日本製品の攻勢じたいはバブル崩壊後も続きましたが、貿易摩擦や日本叩きはバブル崩壊後、日本経済の低迷が明らかになると沈静化しました。

一九八九年から一九九〇年にかけて、日米構造協議が開催されました。これは、アメリカ経済が日本に勝てないのは日本の制度が悪いからだ、という発想でした。「日本の土地税制（農地の優遇税率など）が悪いから、日本の地価が上がり、日本企業が土地を担保《たんぽ》に容易に借り入れができるのはケシカラン」「商店街の零細商店を守るために大規模店舗の出店を制限しているが、そのせいでアメリカの小売業が日本に出店できないのはケシカラン」など、内政干渉とも言える要求を次々と繰り出してきたのです。

さらには、日本は公共投資を増やして外需《がいじゅ》（輸出）依存から内需《ないじゅ》（国内の消費や投資など）依存に経済構造を変えるべきだ、といった主張までなされ、ただでさえ景気が絶好調だった日本に巨額（GNPの10％）の公共投資を要求しました。経済で勝てない分を政治の圧力でカバーしようというわけです。

このように、アメリカ人があせりといらだちに苦しむほど、日本経済は好調だったわけですから、日本国民が「日本は世界一だ」と奢ったのも、しかたのないことだったのです。

当時は、日本経済のすばらしさの背景として、**日本的経営**[26]が挙《あ》げられていました。「**経済白書**[27]」平成二年版（一九九〇年八月発表）は、「日本的経営の特徴である長期雇用、年功賃金、企業別組合、企業内移動と内部昇進制が技術力向上に寄与している」と評価しています。

バブルの前（一九七九年）に発売されたエズラ・F・ヴォーゲル（当時、ハーバード大学東アジア研究評議会議長）の『ジャパン・アズ・ナンバーワン』は、日本では自信過剰の一因となり、アメリカでは自信喪失の一因となったはずです。

金融面でも、日本の躍進はめざましいものがありました。邦銀は、世界の十大銀行にいくつも名を連《つら》ね、世界で最高の格付《かくづ》け（156ページ）を持つ企業にも複数入っていました。

また、当時のアメリカ国債市場において、日本の生命保険会社の存在感は非常に大きく、彼らが市場を動かすことも多いため、「セイホ」と言えば、世界中の市場関係者が知っているのみならず、注目していました。

●バブルの必要条件

プラザ合意後の円高によって、景気は一時的に後退しましたが、大胆な**財政金融政策**[28]が採られたこともあり、ほどなく回復しました。円高による輸入原材料の値下がりも、景気回復に寄与《きよ》しました。

最近では、円高になると、海外から輸入される製品が安くなって国内の競合製品メーカーを圧迫しますが、当時は製品輸入が少なかったため、輸出産業以外の産業にはデメリットは少なかったのです。

こうして、すばやく景気が回復したことも、人々の日本経済に対する自信を深める一因となりました。

その後、景気は大幅な拡大を続けましたが、物価は安定していました。大幅な円高によって輸入物価が下落し、全体の物価も上昇しなかったのです。そして、物価が安定していたため、景気が拡大したにもかかわらず、金融政策は緩和が続きました。

金融の緩和が続いていた理由は、今ひとつあります。プラザ合意以降、急激な円高が進んだため、円高圧力を緩和するためには日本の金利を低めにして、投資家が日本国債よりもアメリカ国債を購入するように誘導する必要があったのです。

金利は、当時としては史上最低に維持され（公定歩合は２・５％）、世の中には大量の資金が供給され、企業や家計は設備投資や住宅建設資金のほか、不動産購入資金などども簡単に借りることができました。

当時は現在と異なり、金融を緩和すると、世の中に大量の資金が出ていきました。金利さえ低ければ、銀行から借り入れしたいという潜在的需要が大量にあり、金融の緩和で銀行の貸出金利が低下したことで、銀行貸出が著増《ちょぞう》したのです。

ひとたび不動産購入の目的で銀行から借り出された資金は、不動産の売り手に渡ります。売り手は、売却代金を使って別の不動産や株式などを購入するかもしれません。こうして、大量の資金が世の中に出回るようになったのです。

金融の緩和は、バブルの十分条件ではありませんが、必要条件ではあります。つまり、金融が緩和されているからといって、必ずバブルになるわけではありませんが、金融が緩和されていない時には、バブルは発生・拡大しないのです。

その意味では、バブルが発生したことも拡大を続けたことも、円高による物価安定が背景にあると言えます。30年も前のプラザ合意が日本人の記憶に残っている一因は、バブルの遠因であったからです。

●相場は悲観の中に生まれる

アメリカの著名な投資家ジョン・テンプルトンは、「相場は悲観の中に生まれ、懐《かい》疑《ぎ》の中で育ち、楽観の中で成熟し、幸福感の中で消えていく」と述べています。平成バブルも、まさにそうでした。

バブルは、ある日突然始まるものではありませんから、バブルの始まりを特定するのは難しいのですが、平成バブルが生まれたのは、プラザ合意後の円高不況の時期だったと言ってよいでしょう。

景気は、一九八五年六月から一九八六年十一月までが後退局面でしたが、その間に日経平均株価が１２０００円台から１８０００円台まで上昇しました（ちなみに株価がもっとも安かったのは一九八五年七月）。

テンプルトンの言うように、不況期に株価が上昇することは珍しくありません。不況期は金融が緩和されているために、株式市場に資金が流入しやすいからと言われており、こうした現象は、「不況下の株高」「金融相場」などと呼ばれます。

景気が回復を始めると、企業収益が増加します。景気回復の初期は、前年の利益の水準が低いために、すこしだけ利益が増えても増益率は大きくなります。しかし、景気回復初期は、人々の景況感が低いままである（＝景気の方向が上を向き始めたといっても、景気の水準はしばらく低いままである）ため、相場は懐疑の中で育つのです。

●地価の高騰

バブルが拡大する重要な契機となったのが、都心の地価の高騰です。

当時の日本では、経常収支の大幅な黒字を背景として、東京が国際金融センターになると期待されていました。そうなれば、外資系金融機関が都心にオフィスを構《かま》えるでしょうし、裕福な国際金融マンが都心に住居を求めるでしょう。そう考えた投資家たちが先回りして、都心の土地を購入したため、都心部の地価が高騰したのです。

外資系金融機関が集中するようなオフィスビル群を造るとなると、ある程度のまとまった土地が必要ですが、都心の土地は細分化されていて、まとまった土地を確保するのは容易ではありません。

そこで、まとまった土地が売りに出されると、周囲とは比較にならないほどの高値で購入されていきました。こうして一度高値がつくと、その高値が周囲に波及していき、次第に地価の高騰が広がっていったのです。

ちなみに、まとまった土地を得るために、1区画の土地を全部買い上げようといったプロジェクトも数多くありました。区画内に、住み慣れた土地を離れたくないと言う家があると、法外な高値で買収しようとし、それでも応じないと暴力に訴えることもあり、「地上《じあ》げ」として問題になった例も少なくありませんでした。

都心の狭い自宅を高値で売却して、郊外に豪邸を建てる人も出てきました。都心の土地を売った売却益には税金がかかりますが、売却代金で代わりの自宅を購入した場合には、税金がかからなかった（税法上の、居住用財産の買い替え特例）からです。そうなると、郊外の土地も値上がりを始めます。

当初、地価の高騰は、繁栄の象徴ととらえられていましたから、肯定的に評価されていました。都心から始まった高騰が周辺地域（東京圏）に拡《ひろ》がり（図表５）、しばらくして大阪の地価が上昇し始めた時、大阪の人々は「ようやく、大阪の地価も上がり始めた」と喜びました。

サラリーマンのなかには、「このまま地価が上昇を続けたら、一生自宅が持てなくなる」との危機感が広がり、住宅ローンを借りて自宅を買う動きが広がりました。こうした動きも、地価高騰の一因となりました。

銀行も、不動産購入資金を積極的に貸し出しました。高度成長が終わり、企業の設備投資のための資金需要が減少したことで、金融は貸し手市場から借り手市場に変化しつつあり、銀行は新しい貸出先を求めていました。

金融自由化により、社債などによる資金調達の選択肢が広がったことで、大企業の銀行離れが生《しょう》じたことも、こうした変化の一因と言われています。このような時に不動産購入資金の借り入れ需要が増加したことを、銀行は大きなビジネスチャンスととらえたのです。

地価が高騰を続けた背景には、土地神話があったとも言われています。これは、当時の人々が「地価は下がらない」と信じていたことを指す言葉です。

戦後、日本では地価がほぼ一貫して上昇を続けていたことから、なぜか人々は「今後も下がらない」と考えるようになり、投資家は安心して投資をし、銀行も安心して土地購入資金を貸し出していたようです。ちなみに「神話」は、科学的ではない話を人々が信じていたということで、ここでは否定的なニュアンスで使われています。

地価高騰により、日本国全体の土地の時価総額がアメリカの何倍にもなりました。いくら「二十一世紀は日本の時代だから」といっても、これは行き過ぎと言わざるを

図表5　地価(商業地)上昇率の推移

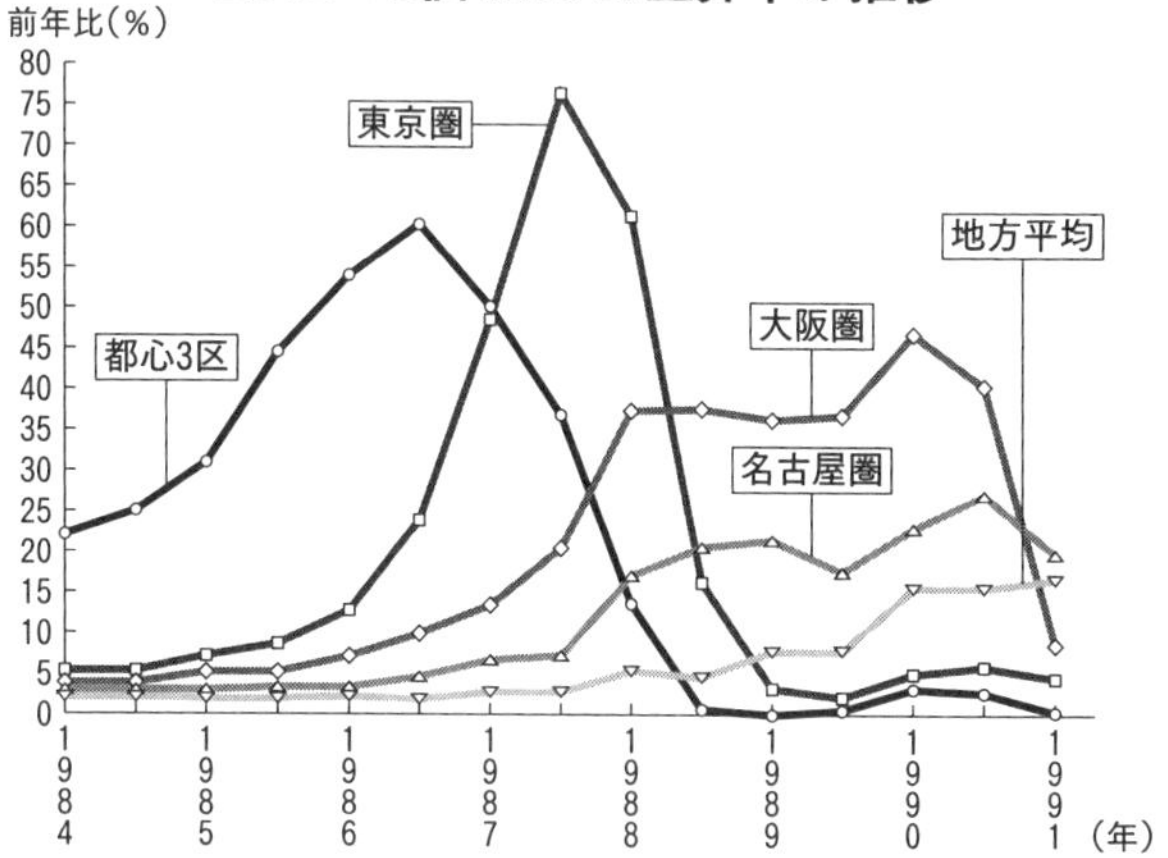

(出所／「経済白書」平成3年版)

得ません。

なお、地価高騰は大都市を中心としたものでしたから、地方圏ではそれほど上昇しませんでした。

商業地の公示地価を一九八三年一月とピーク時で比べると、東京圏は３・４倍、大阪圏は３・９倍、名古屋圏は２・４倍、地方圏は１・７倍でした。

バブル崩壊後に地方銀行が相対的に健全だったいっぽう、大手銀行が数多く破綻《はたん》した理由のひとつは、大手銀行が大都市圏を基盤にしていたため、相対的に土地投機資金を多く貸していたことにありました。

●株価の高騰

株価は、戦後の経済の拡大を反映して、おおむね一貫して上昇を続けていました。プラザ合意後の円高不況の時も、上昇していました。この時は、金融が緩和されていたため、「不況下の株高」だったわけです。その後、景気が回復したのに金融は緩和されたままでしたから、株価が上昇を続けたのは自然なことでした。

一九八六年のNTT株の放出により、多くの人が株式投資を始めるようになったことで、株価の高騰は新しい段階に入りました。NTTは、旧電電公社が一九八五年に民営化されたものですが、その株式は政府が保有していました。政府は、これを市場に売却する際に広く国民から希望者を募《つの》り、抽選で当選した165万人に、証券会社を通じて1株ずつ売却したのです。

これにより、今まで株式投資を行なったことがなかった多くの人々が株式を手にすることになりました。しかも、その株式が一九八七年に上場されると急激に値上がりしたため、購入した人々が〝こづかい〟と呼ぶには十分すぎるほどの利益を手に入れたのです（売却価格は約120万円、株価最高値は318万円）。

これが、一気に株式投資の大衆化を進めました。ＮＴＴ株でもうけた人はもちろん、身近でそれを見ていた人々も、株式投資で利益を得ようと証券会社に口座を開くようになったのです。こうしてバブルは、一部のプロたちの間の出来事ではなく、「全員参加型」となっていきました。

これは大きな変化でした。株式の需給に与えた変化ももちろんですが、人々のものの考えかたやお金に関する文化に与えた変化のほうが、はるかに影響が大きかったでしょう。

それまでの日本人の多くは、株式投資を〝バクチ〟と考えていました。「株に手を出す」という言葉があるように、まっとうな市民は株式投資などによる浮利《ふり》を追わずにまじめに働いて稼ぐべきだ、という価値観があったのです。

象徴的なのが、三重野康《みえのやすし》日銀総裁（当時）でした。「自分は、株式には手を出したことがない」とつねづね自慢しており、「最近の国民の多くは、株に手を出して浮利を追っているが、自分はそんなことをしないまっとうな人間だから、日銀総裁に相応《ふさわ》しい」というニュアンスを醸《かも》し出していました。ちなみに三重野総裁は、厳しい金融引き締めでバブルを崩壊させた人物でもあります。

企業も、積極的に株式投資などを行なうようになっていました。企業の財務部門が積極的に収益を稼ぐ試みが多くの企業で見られ、財務のテクニックという意味で「財テク」と呼ばれました。

当時流行《はや》っていたのは、増資（転換社債の発行などを含めて「エクイティファイナンス[29]」と呼びます）などによって資金を調達し、それを用いて株式投資を行なうことです。増資などによって調達された資金は、返済も利払《りばら》いも必要ないので、投資をしてもうけよう、というわけです。

今ならば、「資本コスト」という考えかたもあり、増資をすると1株あたりの利益が減ることで株価が下落したりしますが、当時はこの発想が行き渡っていませんでしたし、増資をした会社の株が下落するということもありませんでしたから、安心して増資ができたのです。

当時の株高を支えた一因は、地価の高騰でした。本業の業績が冴《さ》えなくても、都市部に土地を持っている企業の株価は上昇しました。東京湾岸に大きな工場を持つ鉄鋼業や造船業などの大型株は「ウォーターフロント銘柄」と言われ、土地の含《ふく》み益《えき》に注目して、証券会社が推奨しました。

当時は、銀行と企業の株式の持ち合いがさかんでしたから、企業の株価が値上がりすると銀行の含み益が増えて、それに着目した銀行株の買いが入り、銀行の株価が値上がりすると企業の含み益が増えて、それに着目した買いが企業の株に入る、といった循環まで起きていました。

その意味では、株価は、それじたいもバブルでしたが、地価のバブルが大元《おおもと》にあり、その影響を強く受けていたと言えるでしょう。

●個人も企業も踊る

バブル期の消費は絶好調でした。株価が上昇（図表６）したことで、株の売却益を得た人々が贅沢《ぜいたく》をしました。株を売らずに持っている人も、金融資産が増加したことから貯蓄の必要を感じなくなり、財布の紐《ひも》がゆるみました。

株を持っていない人々も、景気好調で残業代やボーナスが増えましたから、消費を増やしました。「二十一世紀は日本の時代」と信じていた人々は、将来増えていくであろう所得のことを考えながら、身《み》の丈《たけ》を超えた贅沢をしていたのです。

高級車や高額装飾品が飛ぶように売れました。人々は夜遅くまで飲み歩き、終電が出たあとにタクシーを探しても見つからず、しかたなく飲み直すことになったけれども、飲み直す店も混んでいて探すのに苦労した、といった話がしばしば聞かれました。

バブル期は、住宅投資も絶好調でした。都心の狭い家を高値で売却して郊外に豪邸を建てた人もいましたが、サラリーマンがマンションなどを買い急いだことも住宅投資を押し上げました。

加えて、相続税対策としての貸家《かしや》建設も活発でした。借金をして更地《さらち》に貸家を建てると、借金が相続財産から差し引かれるいっぽう、相続財産の査定額は建設費用ほど増加しなかったので、差し引きすると節税となったからです。

個人消費、住宅投資にも増して活発だったのは、企業の設備投資です。景気は絶好調で、生産が追いつかない状況でしたから、生産能力増強投資が活発に行なわれまし

図表6　株価と地価の推移

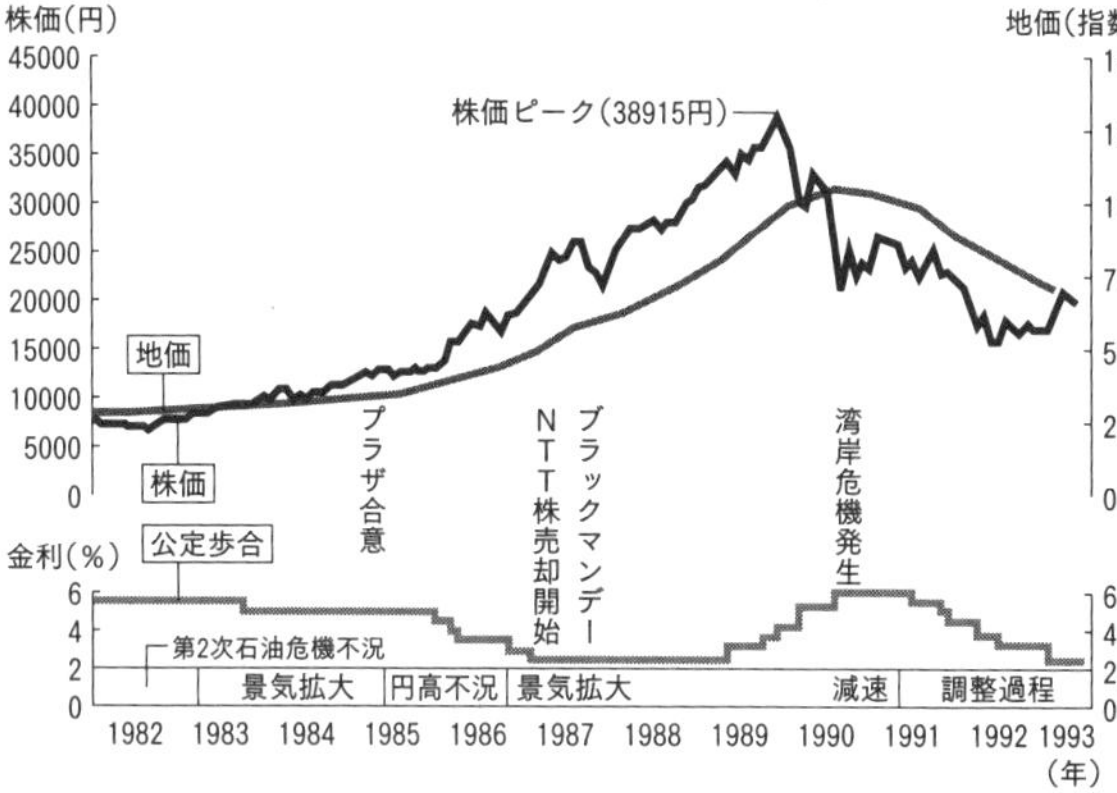

※株価は日経平均株価
※地価は市街地価格指数(1990年3月＝100)の6大都市全用途平均

(出所／「経済白書」平成5年版)

た。人手不足でしたから、省力化投資も活発でした。二十一世紀は日本の時代になると信じて、立派なオフィスビルが大量に建設されました。

　また、「余暇《よか》の時代」というかけ声に応じて、ゴルフ場やリゾートホテルをはじめとしたリゾート施設も各地にできました。

「リゾート開発法（正式名称は総合保養地域整備法、一九八七年制定）」なるものが作られ、民間企業のみならず、地方公共団体も第三セクターを活用して、積極的にリゾート開発にはげみました。

資金は、銀行が低金利で貸してくれましたし、エクイティファイナンスでも低コストで集めることができました。

需要の増加は生産能力増強投資を誘発し、人手不足は省力化投資を誘発し、地価高騰は貸家建設を誘発し、これらがいっそう需要を増加させる、という好循環が成立したように見えていました。

国内景気とは異なりますが、国内の資産価格が高騰すると、海外の資産が割安に見えるようになり、ニューヨーク、ロックフェラー・センターの2200億円での買収をはじめ、海外不動産への投資が活発化しました。また、ゴッホの「医師ガシェの肖像」を125億円で落札するなど、海外の名画の購入も増えました。

●国際協調路線とバブル拡大

バブルの拡大には、国際協調（＝対米協調）も関係していました。当時、日本の経常収支黒字が大きいことが国際的に問題とされており、その是正《ぜせい》がアメリカなどから強く求められていました。

これを受けて、一九八六年に前川《まえかわ》レポート（正式名称は、「国際協調のための経済構造調整研究会報告書」。座長である前川春男《はるお》元日銀総裁にちなみ、そう呼ばれた）は、「経常収支不均衡を縮小して、国民生活の質の向上を目指すため、内需拡大などを図るべき」と提言しました。こうしたなかで、バブル期に、景気が過熱していたにもかかわらず内需振興策が採られたことは、先述のとおりです。

為替レートも国際協調と関係しています。プラザ合意以降の急激なドル安円高を見て、ドル暴落を心配する声が国際的に高まりました。日銀が金融の緩和を続けてドルの下支えを行なったことはすでに記しましたが、その目的のひとつがドル暴落の防止だったのです。

こうしたことから、「バブルはアメリカの圧力のせいだ」と言う論者もいます。「バブルは、アメリカがライバルである日本を蹴落《けお》とすためにしくんだ陰謀」などの極論もあるようです。しかし、アメリカの圧力はあくまで一因であって、主因ではありません。まして、バブル崩壊で日本経済が深刻な打撃を被ることを読み切っていたアメリカ人はいないでしょうから、陰謀説はいただけません。

余談ですが、当時は「経常収支の黒字はマージャンの勝ちと同じで、あまり大きいと友人を失うから、減らすべき」と言う人が大勢いました。

経常収支の黒字は「自分が働いて作った物を使って、外国人が豊かに暮らす」もので、マージャンの勝ちは「働いて稼いだ以上に自分が豊かに暮らす」ものですから、この論理は誤りだったのですが、なぜか多くの人が納得して、内需拡大にはげんだのです。

●政府・日銀のバブル潰《つぶ》し

バブルの最中には、人々はバブルであることに気づきませんでした。世界一の国の地価や株価が高いのは当然、と考えていたからです。

「経済白書」平成元年版（一九八九年八月発表）を見てみましょう。商業地の地価上昇については、「予想地価要因よりも金融緩和要因と需要（東京集中）要因が大きい」という分析が掲載されています。株価については、「PER[30]が国際的に高い要因として、金利差や株式持ち合いの違いなどを反映したもの」としています。

景気は絶好調で、失業率は低く、インフレにもならず、人々は基本的にハッピーでした。通常であれば、景気拡大にともないインフレになり、インフレ抑制のための金融引き締めが行なわれるため、景気は悪化し、地価も株価も下がります。こうして、バブルはある程度拡大したところで潰されてしまうはずです。

しかし、平成バブルの時には、円高の影響で、景気の絶好調にもかかわらず、消費者物価は落ち着いていました。そこで、金融の引き締めが行なわれず、景気は長期間にわたり絶好調を維持し、その間バブルは膨張を続けたのです。

「経済白書」平成元年版で、政府が「日本経済が円高への適応という形で構造変化を遂《と》げ、新しい歴史的段階に入ったという基本的認識にたって」と述べていたくらいですから、民間部門の浮かれぶりは推《お》して知るべしです。

バブル期の「経済白書」には、バブル的要因という言葉が時々登場しますが、その表現は遠慮がちであり、「株価や地価の高騰は日本経済の実力を背景としている」というトーンが強く打ち出されています。ちなみに、「経済白書」が本格的にバブルについて触れたのは、平成三年版（一九九一年八月発表）からです。

バブルは、最終的には政府・日銀によって潰されたのですが、政府・日銀が動いたのはインフレ抑制のためでもなく、バブル退治のためでもありませんでした。地価が高騰したことで、一生働いても住宅が買えないという不満を持つサラリーマンが増加し、彼らの不満に応《こた》えるために、地価を押し下げる政策を採用したのです。

ちなみに当時しきりと言われていたのは、住宅価格が年収の5倍までなら取得可能、という数字です。実際の住宅価格は、東京や大阪などではこれを大きく上回るようになっていました。

日銀は金融引き締めを行ない、公定歩合は一九八九年五月以降、段階的に引き上げられていきました。政府は短期的な土地売買による所得に対する課税を強化したり、銀行の土地関連融資を規制したりしました（たとえば一九九〇年三月に出された大蔵省銀行局長通達は、不動産向け融資の伸び率を総貸出の伸び率以下に抑えるべし、という行政指導でした）。

これにより、地価と株価は下落に転じました。バブルの崩壊です。

2 バブル崩壊と金融危機

●ゆるやかな下落

バブル崩壊後は株価や地価が暴落する、というイメージが一般的でしょう。しかし、平成バブルは、静かに幕《まく》を閉じました。風船が破裂したイメージではなく、萎《しぼ》んでいくイメージです。株価は一九八九年末にピークをつけたあと、比較的ゆるやかに下落していきました（図表6）。

翌年八月のイラクによるクウェート侵攻（湾岸危機）以降は、比較的大幅な下落を見せましたが、政府による株価維持対策が講じられると反発し、再びゆるやかな下落軌道に戻りました。ちなみに、バブルが崩壊してから1年以上経過しても、日経平均株価は、ピークの3割安程度に留まっていました。

地価については、株価ほどの詳細なデータがありませんが、公示地価や、日本不動産研究所の六大都市市街地価格指数などのデータによれば、一九九〇年にピークをつけたあと、ゆるやかに低下していきました。

景気については、株価がピークをつけた1年2カ月後にピークになりました（景気の山は一九九一年二月）。つまり、株価が下がり始めてから1年以上にわたって、景気は拡大を続けていたのです。

「日本経済が世界一」という日本人の過信が基本的に続いていたために、人々が「地価や株価は、金融引き締めなどによって一時的には下がっても、将来的には再び上昇するだろう」と考えていたとすれば、バブルの崩壊過程でも、株価や地価が暴落しなかったことが理解できます。

多くの人々が、「地価や株価はバブルだったのだ。ファンダメンタルズから乖離していたので、もう戻ることはないだろう」と考えていたとすれば、株価や地価はもっと短時間で暴落していたはずですが、そうはならなかったのです。

「経済白書」平成三年版でも、「株価が一時的にファンダメンタルズから乖離《かいり》していた可能性がある」としながらも、「一九九〇年の株価急落の原因は、基本的には湾岸戦争であった」としています。

もちろん、一部には気づいていた人もいて、そうした人は早い時期に比較的高い価格で売り抜けたのですが、多くの人は彼らが売り抜けている時に買い時と考えて買い向かっていたのです。

ちなみに、大幅に売り越したのは外国人投資家です。バブルの特徴として、国内では盛り上がっているけれども海外では冷《さ》めており、温度差があることが挙げられます。外国人が大量に売っていた時にも、日本人は気分の高揚が続いていたのです。

人々が、バブル崩壊後も、バブルだったことになかなか気づかなかったという仮説に対しては、興味深い傍証があります。日本経済新聞（日経金融新聞など日経本紙以外も含む）の記事を「バブル」というキーワードで検索すると、一九八九年は11件、一九九〇年は194件、一九九一年は2546件、一九九二年は3475件の記事が出てきます（野口悠紀雄《のぐちゆきお》著『バブルの経済学』より）。これは、人々がバブルだったことに気づいたのが一九九一年頃であったことを示唆《しさ》しています。

バブル崩壊がゆるやかなペースで進んだことの今ひとつの背景は、日本経済の将来性に対する信頼感でした。経済企画庁調査局（現在は、内閣府経済社会総合研究所の所管）の「企業行動に関するアンケート調査」で、今後5年間の実質経済成長率の見通しを聞いていますが、一九八九年度と一九九〇年度が3・6％、一九九一年度が3・5％、一九九二年度が3・1％と、ほとんど下がっていません。これなら、人々が株価や地価の再上昇を信じていたことは自然です。

こうしたことから、政府と日銀は、バブル崩壊が明らかになったあとも、しばらくの間はバブル潰しの手をゆるめませんでした。バブルが再発することを恐れていたからです。

あとから考えれば、この時にバブル潰しを徹底しすぎたことが、その後の日本経済や地価や株価の長期低迷の一因だったのかもしれませんが、当時の世論がそれを求めていたこともあり、しかたのないことだったと考えるべきでしょう。

●日本経済の長期低迷

バブル崩壊後、日本経済は20年にわたり低迷を続けてきました。まず、バブル期の好景気の反動が来ました。

消費者は、すでに高級な耐久消費財を持っていたために、新しい物は買いませんでした。むしろ、景気低迷で給料が減った分だけ倹約《けんやく》する人が増えましたし、バブル期に贅沢をした分だけ貯金が減っていて、それを埋めるために貯蓄にはげむ人が増えました。

企業は、日本経済の発展を見越して、大きな工場を建てたので、バブルが崩壊すると大きすぎる工場（設備）、多すぎる社員（雇用）、大きすぎる借金（債務）が残りました（企業の抱える「三つの過剰」と呼ばれました）。

政府の景気対策などによって、景気は一時的に回復しましたが、今度は金融危機が発生しました（一九九七年）。銀行がバブル期に貸し出した融資が大量に焦《こ》げ付《つ》き、大手銀行が相次いで倒産し、生き残った銀行も資金《しきん》繰《ぐ》り難や自己資本不足から貸し渋りを行なったのです。

銀行には**自己資本比率規制**[31]があるため、損失が出て自己資本が減ると、貸出を減らさなくてはならず、借り手に問題がなくても融資を回収するという動きが広がりました。そうなると、借り手は設備投資ができず、材料が仕入れられず、給料が払えず、景気に大きなマイナスが生じたのです。

日本経済は、金融危機を脱したあとも、アメリカのＩＴバブル崩壊（二〇〇〇年）、リーマン・ショック（二〇〇八年）による不況の影響を受け、景気の回復が中断されました。

バブル崩壊後の日本経済は、民間需要（個人消費や設備投資など）が弱く、しかも公共投資による景気対策が不人気なため、外需（輸出など）に頼るしかないのが現状です。したがって、アメリカの景気が悪化して輸出が減ると、たちまち景気が悪化してしまうのです。

これは、筆者の私見ですが、経済の低迷が長期間続いていることの、より根本的な原因は、日本人が勤勉に働くために物が大量に作られ、皆が倹約するので、作った物が売れ残ることにあると思います。

この点については、「人々が倹約するのは将来の年金が不安だからで、国民性ではない」というご批判もしばしばいただきますが、「数十年後のことが心配だから、今から倹約する」ことじたい、世界中を見渡しても珍しいことだと思います。それこそ、国民性の違いでしょう。

高度成長期からバブル期までは、人々が大量に物を作り、しかも倹約したことによって、物が余り、余ったものを設備投資などに使うことができたのです。しかし、バブル崩壊後は設備投資をする会社が減ったため、余った物が余ったままになり、企業が物を作らなくなり、人を雇《やと》わなくなり、不況が続いている、というわけです。

●スキャンダル

第2章でも触れましたが、バブル期は人々の脇が甘くなるため、数々のスキャンダルが発生します。

平成バブルでも、大手証券会社が大口投資家に利回り保証の密約を行なっており、それにしたがって株価下落により投資家に生じた損失を補塡《ほてん》していたことが発覚しました。暴力団関係者との癒着《ゆちゃく》などもありました。

銀行も、仕手《して》集団への不明朗な融資、総会屋との癒着などが明らかになりました。

バブル期は、詐欺師の活躍する時期でもあります。ゴルフ会員券を大量に販売したまま代金を着服した事件、偽造した架空の定期預金証書を担保に銀行から巨額の融資を引き出した事件などがありました。

●日本人に与えた影響

バブルが崩壊し、日本人は何を学んだでしょうか？　日本人は賢《かしこ》くなって、次のバブルが起きにくくなったでしょうか？

まちがいなく学んだのは、土地神話（多くの人々が、「地価が下がらない」と考えていたこと）が誤りだということです。しかし、それで何が変わったでしょうか？　株価については、株価が下がり得ることは万人が知っていましたが、やはりバブルは起きました。そうであれば、土地神話が消滅したからといって、バブルが起きなくなったわけではありません。

政府は、バブル崩壊後の不良債権処理について、体制を整備しましたが（銀行が不良債権処理の先送りをしにくい制度に変更しました）、肝心のバブルが起きにくくなるような措置は採られていません。

銀行は、**不動産**[32]担保を偏重したことを反省すると言いながら、借り手の事業性を評価して融資をすることは実際には困難ですし、**動産**[32]担保などによる貸出も難しいようです。ちなみに時々、動産担保貸出を行なっている銀行がテレビなどでも紹介されますが、これは珍しいから紹介されているのであって、「幅広く行なわれている」わけではないのです。

バブル期の融資が不動産業向けに偏《かたよ》っていたことから、「業種別の貸出シェアが偏らないようにする」といった社内ルールを作った銀行は多いようです。

確かに、これは一定の効果を持つかもしれませんが、次にバブルが起きた時には「製造業が都心の一等地に本社ビルを建てる」といった案件が激増して、不動産価格は高騰するかもしれません。

人々の間に、バブル崩壊による損失などの記憶が残ったことは確かですが、記憶はメカニズムと異なり、時間が経てば消えてしまいます。次のバブルが発生し、膨張するのを止めるような頼れるメカニズムは、平成バブルの教訓によっては構築されていないのです。

3 その時、筆者は……

●バブルに踊った銀行員

ここでは、バブル期の筆者（当時、銀行勤務）の行動について記します。筆者とその周辺にいる少人数の人々についての話ですから、一般化するのは危険ですが、ひとつの参考としてお読みください。

筆者は、結果としてバブルに踊ったのですが、その前にアメリカに留学していました。当時、日本に対する関心はアメリカでも大変強く、日本について説明すると、教授も喜んで聞いてくれたので、英語の不自由な留学生としては大変助かりました。「アメリカ経済は日本経済に追い抜かれた」という感覚を持つアメリカ人も少なからずおり、「日本はアメリカを抜き、アメリカから学べるものは残っていないはずなのに、何を学びにアメリカに来たのか」と聞かれたこともありました。さすがに、これは極端な例ですが、そうした雰囲気がアメリカにもあったことは確かです。

こうした経験と、筆者の消費者としての経験（アメリカ製自動車は頻繁《ひんぱん》に故障する、アメリカの銀行窓口は頻繁にミスをするなど）から、筆者も「日本経済はすばらしい。二十一世紀は日本の時代」と考えるようになったのです。

一九八六年夏に帰国して、銀行の調査部に配属になりました。その時は、株価や地価が上昇を始めており、あとから考えれば、バブルが「悲観の中に生まれ」ていたのでしょうが、円高不況の最中であり、調査部内では**景気対策**[33]の話ばかりしていました。したがって、バブル的な雰囲気は感じませんでした。

一九八六年秋に新宿区西戸山《にしとやま》で売り出されたマンションが、払い下げられた国有地を用いており割安ということで大きな話題となり、それから「住宅ローンを借りて早めに家を買おう」という人が増え始めたような気がします。

株に関しては、一九八七年二月にＮＴＴ株が上場されてから、一気に人々の関心が高まったように記憶しています。調査部は情報端末が比較的整備されていたので、昼休みなどは株価の話題でけっこう盛り上がっていました。

当時は現在と違い、銀行員も自由に株式投資ができたので、筆者も調査部内の雰囲気に素直に乗り、比較的熱心に株式投資を行なっていました。投資金額は大きくありませんでしたが、プライベートの時間を比較的長く株式投資に充《あ》てたのです。

株価と地価が著しく上昇し始めると、調査部内の雰囲気も、一部に「本当にだいじょうぶか」という懸念《けねん》がありましたが、全体としてはおおむね楽観的でした。

調査部内に限らず、当時の同僚のなかには、住宅ローンを借りて自宅を買った人が大勢いました。これは重要な点です。

もしも、当時の銀行員が「バブルの可能性が小さくない」と考えていたとしたら、株の売買で短期的な利益を狙うことはあったでしょうが、一生かけて返済するような金額の住宅ローンを借りるとは思えないからです。

●つかのまの贅沢《ぜいたく》

当時の思い出として圧倒的に大きいのは、贅沢をしていたことです。新入社員の時に1800万円を借りて買った自社株が、バブル期には1800万円になっていました。

30歳のサラリーマンが1800万円の資産を持てば、「自分は大金持ちだから、老後の心配をしないで、給料は全部使って飲みに行こう」となります。いわゆる資産効果です。「二十一世紀は日本の時代だから、わが社も発展してわれわれの給料も上がっていくだろう」という期待も加わり、老後の心配など何もありませんでした。

何よりも重要だったのは、時代の雰囲気です。人々が贅沢をしているのを見て、自分も自然と贅沢をするようになったのです。節約を美徳とする日本の文化のなかで、贅沢は悪いといううしろめたさが、バブル前には筆者にもありましたが、人々が贅沢をしているのを見ている間に、そうしたうしろめたさが薄《うす》らいでいったのです。

後日談《ごじつだん》ですが、筆者の保有株は18万円まで下落し、最近では60万円あたりで推移しています。日本の銀行業界の盛衰《せいすい》を如実《にょじつ》に反映しています。

●バブル崩壊に気づかずに……

バブルが崩壊しても、しばらくは気づきませんでした。株価のピークは一九八九年末ですが、「日本経済は世界一なのだから、株価は一時的に調整しても再び上昇するだろう」と考えて、株価が下がると、「買い」を入れる人も多かったのです。

一九九〇年八月には、株価が急落しました。これも、バブル崩壊というよりはイラクのクウェート侵攻の影響と考えていました。一九九〇年末頃には、さすがに上がりすぎたから下がったのだろうと思いましたが、もう十分下がったから、これからは再びゆるやかな上昇トレンドに戻るだろうと考えていました。

その背景にあったのは、景気がその時点ではいまだに拡大を続けていたことです。バブル潰しのために必死の金融引き締めを行なっているのに、景気は一九九一年二月まで拡大を続けていたのです。これは、日本経済の底知れない強さを示すものと見えました。

今ひとつの背景は、日本経済の将来性に対する信頼感でした。筆者だけではありません、当時、日本全体が信じていたのです。惚れ込み型バブルの特徴として、「惚れ込み」じたいが簡単には消えないので、価格が下落すると買い注文が入る、ということです。

ちなみに、筆者が不動産を購入したのは一九九二年です。バブルが崩壊して、不動産価格がピーク時よりもかなり値下がりしたので、「買い時」と思ったわけです。その後の不動産価格の推移を見れば、自らの不明を恥じるばかりですが、筆者だけではなく、当時の日本経済を動かしていた人々のなかにも、筆者と同様の判断をした人が大勢いました。

4　バブルと銀行

●銀行が積極的だった理由

筆者は、バブル期は調査部で主に貿易収支（14参照）を担当していたので、円高と貿易収支の関係に主な関心があり、銀行の不動産融資については、それほど関心はありませんでした。「借り入れ申し込みが大量に来ているから、貸出が伸びてもうかっているのだろう」と気楽な感覚で、数字を眺《なが》めていました。

バブル期には、過去の貸出が焦げ付いていないために、過去のデータを見ていても、銀行がリスクのある貸出をしていることに気づきません。したがって、不動産融資は危険、という雰囲気は調査部ではとぼしかったように記憶しています。今から思えば、バックミラーを見ながら車を運転しているようなもので、それじたいが危険なことでした。

二〇〇五年に大学に転職してから、「なぜ、銀行はバブル期に積極的に貸したのか」という論文を書くことになり、銀行員（現役およびＯＢ）にアンケート調査を実施しました。そこで多かったのは、「ビジネスチャンスだから、積極的に」という前向きな回答でした。

リスクに関しては、「担保があるから、リスクは小さい」が多く、「リスクは大きいが、チャンスだ」という回答は少なかったのです。要するに、バブルだと思わず貸していた、ということになります。

興味深かったのは、ライバルの銀行に貸出競争で負けたくないと思ったから、という回答が比較的多かったことです。銀行は戦後、資金量競争に明け暮れていましたから、その延長線上でバブル期の貸出残高競争をしていた、ということのようです。

日本のサラリーマンは終身雇用で、会社は共同体的な性格を持っていますから、会社の発展のためにがんばります。経営者としても、共同体の結束を維持するためには社員一丸《いちがん》となって追求すべき目標を設けることが便利です。そこで、必然的に「ライバルに勝つ」という目標が設定されたのかもしれません。

余談ですが、その理由として「銀行員は、幼い頃から受験戦争を勝ち抜いてきた人が多く、他人との競争に負けることを嫌うから」という見解があり、妙に納得したものです。

ちなみに、世の中の通説的な見解は「銀行が優良貸出先からの資金ニーズ減少を補《おぎな》うために、無理な貸出に走った」「預金金利自由化による利ざやの縮小を補うために、利ざやの見込める不動産関連貸出で量的拡大を追求した」というものですが、いずれも疑問です。

銀行が優良貸出先からの資金ニーズ減少に悩んでいたのは事実です。高度成長が終わり、企業の設備投資が減れば、銀行借り入れも伸びないからです。金融自由化で、大企業の資金調達方法が多様化したことも、銀行貸出を減らす要因でした。

しかし、「だから、銀行が無謀な貸出に走らざるを得なかった」ことにはなりません。不動産関連貸出が大幅に増加した一九八〇年代を通じて、銀行貸出は一貫して増加しています。「減って困るから、無理に貸した」ならば、せいぜい残高が減らないように無理する程度でしょうから、嫌々《いやいや》ながら無理して貸したということではなかったはずです。

統計を見ると、バブル期には増資などによるエクイティファイナンスが顕著に増加しています。これを見て、やはり銀行は増資などに押されて苦しかったから無理をしたのだ、という説もありますが、増資の増加はバブルの結果であり、増資が増えたから銀行が不動産関連融資に注力した、という因果関係ではありません。

預金金利自由化で利ざやが薄くなった、というのも表面的な見かたです。預金金利は銀行にとって仕入れコストですから、それに適正利ざやを上乗せして貸出金利を決めているはずです。利ざやが薄くなったとすれば、預金金利自由化ではなく、競争激化によって利ざやが確保できなくなったことに原因があるはずです。

そもそも、預金金利の自由化が本格化したのはバブル末期であり、一九八〇年代を通じて不動産関連融資が増加したことの説明としては適切とは言えません。

●貸すべきではなかった!?

バブル期の銀行は、バブルだとは思っていなかったので、深く考えずに、巨額の土地購入資金を融資していたのです。しかし、それは誤りでした。

バブルの可能性をまったく考えない場合には、単に貸せばよいのですが、「もしかしたらバブルかもしれないが、たぶん違うだろう」と考えている時は、話が複雑になります。話を簡単にするために、極端ですが、数字の例を出してみましょう。バブルである確率は1割で、その場合、バブルが崩壊すると土地の値段が半分になります。しかし、残りの９割の確率で、土地の値段がさらに値上がりして倍になります。

この場合、土地を買うことは、ある意味で合理的です。９割の確率で2倍になるのですから、1割の確率で半分になるというリスクを冒《おか》してでも投資してみる価値はあるでしょう。あとは、賭けごとが好きか嫌いか、という問題です。

したがって、バブル期に多くの投資家が土地や株を買ったことは（結果としては損をしましたが）、その当時の判断としては「馬鹿なこと」ではなかったはずです。

当時、大勢の銀行員が住宅ローンを借りて自宅を買っていました。つまり、投資家と同様に、バブルと思っていなかったのです。だから、銀行は不動産購入資金を融資したのです。しかし、銀行はもっと慎重になるべきでした。その理由を考えてみます。

確率9割で不動産価格が2倍になります。借り手は、値上がりした不動産を売り、銀行に借金を返すと、莫大《ばくだい》な利益が残ります。しかし、銀行には貸出金が戻ってくる以外は金利収入があるだけです。問題は、確率1割で不動産価格が半分になった場合です。借り手の多くは破産し、銀行は貸出金を回収することができなくなります。

つまり、銀行にとって不動産購入資金を貸し出すことは、「9割の確率で金利がもうかるが、1割の確率で元本を損する」という取引なのです。銀行は、バブルかもしれないと思った時は、たぶん違うだろうと思っても、貸してはいけないのです。

銀行では、融資をする時に慎重に審査をします。これは、借り手が返済できても金利しかもうからず、借り手が返済できないと元本を損するのが銀行の商売だからです。これは、個々の会社の返済能力についてもそうですが、経済全体がバブルであるか否か、という点についても同様の慎重さが必要だったのです。

第4章

ITバブルは、アメリカをどう変えたか?

1　アメリカで発生した理由

●ITバブルの特徴

一九九〇年代後半、アメリカを中心として、ITは夢の技術だ、ということになり、IT関連企業の株価が急騰しました。しかし、株価が上がりすぎたため、二〇〇〇年三月をピークとして下落しました。IT関連の新興企業（＝ベンチャー企業）が多いNASDAQ《ナスダック》市場（新興企業向け株式市場）の指数を見ると、5年間で6倍に上昇し、ピークの2年半後には4分の1に下がりました。この間の、株が上がりすぎた現象を「ITバブル」と呼びます。

IT関連産業が設備投資を増やしすぎたことなどはありましたが、平成バブルの日本と比べると、株価が上昇した業種の範囲がきわめて狭かったこと、不動産価格なども特には上昇しなかったこと、景気も過熱するほどではなかったこと、などの違いがありました。

いっぽうで、アメリカ以外でもＩＴ関連の株価が上昇したことなど、世界的な拡がりを見せたことも日本の平成バブルとの違いでした。

●インフレなき景気拡大

日本経済がバブル崩壊後の後遺症で「失われた10年」を苦しんでいた一九九〇年代、アメリカ経済は「インフレなき景気拡大」を謳歌していました。インフレなき景気拡大と聞いても、20年間もインフレと無縁な日本人にはピンと来ないかもしれませんが、これは国際的にはインパクトのある言葉なのです。

通常、景気が拡大すると、物価が上昇します。財の需給が逼迫して需要と供給の関係で値上がりするほか、売り手が強気になり値上げを試みることも起きるはずです。

また、労働力の需給も逼迫するために人件費も上昇し、コスト高によるインフレの原因となるはずです。インフレになると、中央銀行が金融の引き締めを行ない、景気を冷やします。したがって、一般論として景気拡大はそれほど長期間続かないのです。

経済が順調に成長していくためには、需要と供給がバランスよく伸びていく必要があります。日本のように、恒常的な需要不足の経済を見なれた眼には不自然に映《うつ》るかもしれませんが、海外には、すこしでも需要が伸びると需給が逼迫してインフレになってしまう国が多いので、供給側の効率化こそが経済成長に必要だと考える人は、海外には多いのです。

そうしたなかで、アメリカでは10年以上にわたってインフレなき景気拡大が続いたのですから、アメリカ人が驚き、かつ自信過剰に陥ったのもしかたのないことでした。

日本では、失われた10年への反省から「グローバル・スタンダード志向」が叫ばれ、アメリカ的な経済システムを幅広くまねしよう（たとえば、従業員重視の日本的経営をやめて株主重視の経営をするなど）と言う人が増えていましたが、当のアメリカでは、まったく異なることが話題になっていました。「ＩＴは夢の技術」ということです。

●ニューエコノミー

ＩＴは、さまざまな面で企業の生産性を高めます。１社だけがＩＴを導入すれば、ライバルよりも低いコストで生産できるため、競争に勝って大きな利益を上げるでしょう。しかし、一九九〇年代のアメリカでは、多くの企業がＩＴを熱心に導入したので、ライバルとの力関係はそれほど変わらなかったようです。

いっぽうで、大きく変わったのはマクロ経済です。全米の企業が効率的になると、多少経済が成長して生産される財やサービスが増えたとしても、必要とされる労働力はそれほど増えません。したがって、労働力の需給はそれほど逼迫せず、賃金水準もそれほど上昇せずにすみます。

また、多少賃金が上昇したとしても、生産性の向上によって従業員ひとりあたりの生産量は増加しますので、製品１個あたりの人件費は上昇しません。したがって、製品を値上げする必要がないのです。

こうして、アメリカ企業はライバルに勝つことで利益を上げるのではなく、経済がインフレなき成長を続けることで、全体として利益を上げることができました。インフレがなければ金融の引き締めもないので、企業収益の増加は株価を上昇させました。賃金はそれほど上昇しませんでしたが、失業率は低かったので、労働者にも大きな不満はなかったようです。

ちなみに、一九九〇年代のはじめには、アメリカの失業率は7%を超えていましたが、二〇〇〇年には4%前後にまで低下しましたし、いっぽうでコアの消費者物価指数（変動の激しいエネルギーと食料品を集計対象から外して計算した消費者物価指数）は、5%程度から2%台へと低下しました。

人々は、「経済成長と同じペースで、企業の生産性が効率化していけば、永遠にインフレなき成長が続くことになる。それを可能にするのは、夢の技術・IT」として、こうした変化を産業革命になぞらえて「IT革命」と呼びました。蒸気機関によって経済の様相が革命的に変化したのと同様に、ITによっても経済の様相が革命的に変化したというわけです。

短期的な景気の過熱や後退は、IT革命でも排除できませんが、それらは適切な財政金融政策が予防してくれると考えられていました。つまり、景気循環が消滅してインフレなき成長が永遠に続く経済が実現した、と考えられていたのです。人々は、そうした経済を「ニューエコノミー」と呼びました。

インフレなき経済成長が続いたことに加え、株価高騰が資産譲渡益《じょうとえき》税の増収をもたらしたこともあり、一九九八年にはアメリカの連邦財政収支は黒字になりました。これも、人々のアメリカ経済に対する大きな自信となりました。

●ＩＴ関連株の高騰

ＩＴが夢の技術となれば、ＩＴ関連の会社の株価は猛烈な買いを集めるはずです。実際、従来型の大企業の多いニューヨーク証券取引所に比べて、ＩＴ関連の新興企業の多いＮＡＳＤＡＱ市場は値上がり率が圧倒的に大きかったですし、個別株で見てもＩＴ関連の株は驚くほどの高値をつけた株が少なくありませんでした（図表７）。

ＩＴ関連企業の平均で見ても、ＰＥＲが68倍（つまり、株価が68年分の利益と同じ）になっていたのです。

株価が高騰すると、ベンチャー企業が次々と上場して巨額の資金を調達し、それを用いて研究開発や設備投資などを行ないましたから、ＩＴ企業は急速に発展し、それがいっそう、人々のＩＴ産業に対する期待を増幅していったのです。

こうした株価の高騰に対しては、バブルだと指摘する声も少なくありませんでした。ＦＲＢのアラン・グリーンスパン（以下、グリーンスパン）議長（当時）も、当初は「根拠なき熱狂」という言葉を講演（一九九六年十二月）で用い、バブルの可能性が高いとして警鐘を鳴らしていました。

しかし、そうした声は、いつまでたっても暴落しない株価によって退出を余儀なくされます。グリーンスパン氏も「生産性が高まった結果」「１００年に一度の技術革新に遭遇しているのかもしれない」と、前言を撤回したほどです。このことは、いかにバブル期にバブルであると確信することが困難であるかを物語っています。

これは後知恵ですが、ＩＴバブルはもともと不自然でした。仮にＩＴが夢の技術であったとしても、それはＩＴ関連企業の収益が急激に増加していくことと必ずしも一致しないからです。

たとえば、インターネットが普及したことで、インターネットを使いこなしている

図表7 ITバブル期の株価の推移

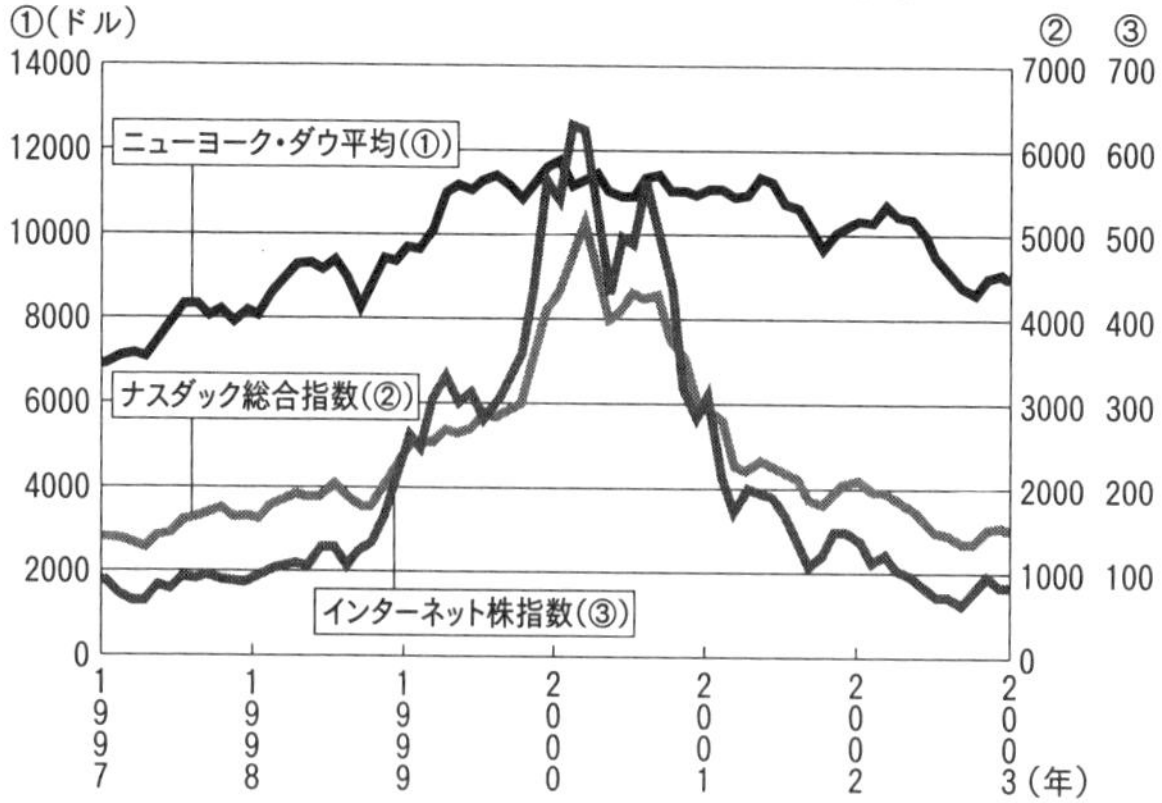

※月次データ高値ベース

（出所／YAHOO! FINANCE）

企業は利益を上げたかもしれませんが、インターネット業界の企業はおたがいに厳しい競争を展開していて、すこしも、もうかっていないかもしれないのです。

「鉄道が通ると、一番恩恵を受けるのは駅の近くの住民であり、鉄道会社の利益はその次だ」と言われますが、インターネットの場合は鉄道よりも競争が激しいので、「2本の鉄道が並行して敷設された時には、駅周辺の住民だけが恩恵を被り、鉄道会社はもうからない」と言うほうが近いかもしれません。

技術革新が速い業界であることも、必ずしも企業の利益が増加していくことを意味するものではありません。ライバルどうしが、同じスピードで技術革新を行ない、おたがいに熾烈《しれつ》なシェア争いを行なうとすれば、両社ともに利益はすこしも増えないでしょう。

今ひとつ留意すべきことは、技術革新は需要を増やすとは限らない、ということです。ITバブル崩壊後の二〇〇二年七月に、ワールドコムという大手通信会社が破綻しました。同社は、通信需要の増加を見込み、太い通信回線を敷設しましたが、データ通信技術の発達で、データを圧縮して送ることができるようになり、通信ケーブルの需要は増えなかったのです。

もっとも、これらは後知恵ですから、気づかずにバブルに踊っていた人が多かったのも、しかたのないことでしょう。

IT企業の特性が投資家を惹《ひ》きつけた面もあったでしょう。投資家の眼から見ると、IT関連株は一般企業の株に比べて「大化《おおば》けする（＝ものすごく値上がりする）」可能性が高い株です。

たとえば、マイクロソフト社のように、急成長した企業が現にありますし、今後も出てくる可能性があるからです。すぐれたプログラムを書けば、それが世界中に売れて巨額の利益をもたらすかもしれません。

製造業では、すぐれた技術を持っているベンチャー企業でも、世界を席巻《せっけん》するまでには何十年もかかりますが、ＩＴ企業ならば一瞬かもしれません。しかも、世界を席巻した技術が「デファクト・スタンダード（＝事実上の世界標準）」になれば、将来にわたり高い利益を上げ続けることも夢ではありません。

そうした夢があるので、ハイリスク・ハイリターン志向の投資家がＩＴ関連株を好む傾向にあり、他の株に比べてバブルが起きやすいということはあったと思われます。

また、大化けするかもしれないし、しないかもしれない株については「正しい株価（＝ファンダメンタルズを反映した株価）」が測定できないので、バブルになりやすい、ということもあったと思われます。

あとから考えれば、大化けする企業もあるかもしないが、大化けせずに消えていく企業のほうが圧倒的に多く、期待値としてＩＴ関連株への投資は得ではなかったはずです。しかし、それが当時の人々にはわかっていなかったのかもしれません。

また、仮にうすうす感づいていたとしても、宝くじを買う感覚で夢を追った面もあったのかもしれません。ちなみに、宝くじは期待値が0・5を下回っていますが、よく売れています。夢を追う行為は、期待値の計算とは異なる尺度で決定されるのでしょう。当時の投資家心理も、これに近かったのかもしれません。

なお、ITバブルは、IT企業の発展という世界共通のテーマでしたから、アメリカ以外の国でも、似たようなことが起きていました。この点は、日本の平成バブルやアメリカの住宅バブル（第5章）とは異なる点です。

もっとも、アメリカがIT先進国であって「ニューエコノミー」を体感し得る状況にあったことに比べると、日本などでは単なるIT関連企業の輸出増加と株価高騰の色彩が強かったと言えるでしょう。

日本に関して言えば、ITの活用がアメリカに比べて遅れていたこともありますが、金融危機からようやく立ち直り始めた時期で、気分的にもバブルとは無縁でしたし、もともと需要不足の経済なので、IT技術によって生産側が効率化されても、さほどのメリットは感じられなかった、ということも影響していたのだと思われます。

一部インターネット関連株は高騰しましたが、それ以外はバブルとはほど遠い値動きに終始していました。

●ＩＴ以外の株価はどうなったか？

インターネット関連以外の株価も、ある程度は上昇しました。インフレなき成長が続くのならば、幅広い銘柄が買われるのは当然だからです。

冷戦でソ連に勝ち、経済面でもライバルの日本がバブルの後遺症に悩み、アメリカの独《ひと》り勝ちとなったことがアメリカ人投資家の気分を高揚させたこと、キャピタルゲイン減税（株価の値上がり益に対する課税の軽減）が行なわれたこと、年金制度の変化によって年金資金の株式へのシフトが起きたこと、などもアメリカの株価が上昇した要因だと言われています。

それでも、ＩＴ関連株の値上がり幅と比べると、はるかに小幅なものに留まっています（図表7）。

2 バブルの教訓

●ITバブルの崩壊理由

バブルは、時として、特段の理由なく崩壊します。ITバブルの崩壊も、特別な出来事でもたらされたわけではありませんでした。FRBの利上げはありましたが、利上げの速度も幅もそれほど大きくはなかったので、これがバブル崩壊の引き金になったとは考えにくいでしょう。

二〇〇〇年に入ってからのIT関連産業の売上げや収益が、期待ほど伸びなかったことが一因とも言われています。しかし、「夢の技術」に投資した人々が短期的な売上げや収益に失望して投資を回収するというのも変な話です。期待が大きすぎて、それに気づいたのが、たまたま二〇〇〇年初頭だった、と考えるべきでしょう。

要するに、大きくなりすぎたバブルが、ある時自分で破裂・崩壊したのです。これは、多くのバブルの崩壊に共通する現象です。

そもそも、利上げじたいがバブルを潰す目的でなされたものではありませんでした。中央銀行がバブル潰しに責任を持つべきか否か、という点は、議論のあるところです。常識的にはイエスですが、ＦＲＢ議長だったグリーンスパン氏は、異なる考えかたを持っていました。

彼は二〇〇二年、ジャクソンホール会議（各国の中央銀行総裁らが参加する経済政策シンポジウム）で、「バブルは、崩壊してはじめてわかる」「バブルを阻止するには、急激な金利引き上げが必要だが、それは経済に深刻な打撃を与えてしまう」などと発言し、中央銀行の役目は、バブルを潰すことではなく、バブルが崩壊してから、大胆に金利を引き下げる〝後始末《あとしまつ》〟にあるとしたのです。

バブルが崩壊すると、ＩＴ関連の株価が急落しました。ネット企業↓通信企業↓ＩＴ機器企業へと株価の下落が広がっていったのです。もっとも、株価（ＮＡＳＤＡＱ指数）のピークは二〇〇〇年三月でしたが、九月までは高水準を維持していましたので、本格的な急落は秋以降でした。

また、ＩＴ関連財の需要が激減しました。もっとも、アメリカのＩＴ企業は、設計などは自分で行なっても、製造は海外に発注している場合が少なくありません。そこで、ＩＴ関連財の需要が急減したことによる影響は、アメリカ企業よりも海外のＩＴ関連製造業に強く出たのです。

●作られていない再発防止策

バブルが崩壊してから、バブルを反省して再発防止のためになんらかの制度が作られた、という話を筆者は知りません。

個々人としては「夢の技術だからといって踊ってはならない」ことを学んだ人もいるでしょうし、「羹《あつもの》に懲《こ》りて膾《なます》を吹く」人もいるでしょうが、政府などが組織的にルールを定めたということはないようです。

アメリカでは、金融業界が政治的に大きな発言力を持ち、政府が規制しようとしても、それらが反対するため、難しいと言われています。また、そもそもアメリカは、自由を重んじて政府の介入を嫌う文化を持っていることも影響しているようです。

ちなみに、バブルそのものに学んだわけではありませんが、関連した事項としては、エンロン（エネルギー関連会社、二〇〇一年破綻）の巨額な粉飾決算を受けて、粉飾決算を防ぐための「ＳＯＸ法《ソックス》（＝Sarbanes-Oxley Act　上場企業会計改革および投資家保護法）」が制定されました。これは、企業に対し、社内に適正な会計手続きのルール（内部統制）があり、守られていることを経営者自らが証明し、監査法人の点検を受けるように求めるものです。

●日本への影響

アメリカでＩＴバブルが崩壊すると、日本経済には大きな悪影響が出ました。まず、ＩＴ関連企業の株価が下がり、業績が悪化しました。そして、ＩＴ関連財の生産が落ち込みました。

しかし、それだけではすみませんでした。そもそも、アメリカの景気が後退すると、日本の景気に大きな打撃が出る経済構造になっているのです。アメリカの産業構造はサービス化しています。アメリカの貿易収支が大幅な赤字ということは、アメリカ人は物作りをせずにサービス業で働いていることを示しています。

問題は、景気が悪化してアメリカ人が節約をすると、物を買うのは控えるけれどもサービス消費は控えないことです。たとえば、自動車を新車に買い替えるのを待つ人は多いでしょうが、壊れた自動車の修理をがまんする人はいないので、外国の自動車メーカーの仕事が減り、アメリカ人自動車修理工の仕事は減らないのです。

また、新車に買い替える人も、高品質高価格の日本車ではなく、低品質低価格の途上国製自動車を買うでしょうから、諸外国のなかでも日本製品の輸出の減り具合は大きいことになりがちです。

平成バブルの崩壊以降、日本経済は恒常的な需要不足に悩まされています。この状況で輸出が減少することは、景気にとって大きなマイナスとなります。日本のGDPに占める輸出の比率が低い（一九九九年度9%、二〇一二年度13%）ことをもって、輸出減少の影響が小さいと考えるわけにはいきません。

反対に、バブル期のように国内需要が十二分に強かった時には、輸出が減っても景気に対する影響は小さいものでした。輸出減少が景気に与える影響は、景気の局面によって異なるのです。

●冷《さ》めていた日本

アメリカでＩＴバブルが盛り上がっていた時期は、日本経済が金融危機からようやく立ち直ろうとしていた時期でしたので、これは筆者の感想ですが、人々の間に華《はな》やかな雰囲気も陶酔的《とうすいてき》な熱狂も見られませんでした。

一部インターネット関連の銘柄で株価が急騰していましたが、多くの人々は、他人事ととらえていました。日本からは、アメリカがバブルに踊っているように見えたのです。

当時、アメリカに出張に行った人ほど、帰国してから「ＩＴ革命のすばらしさ」を説いていたことを記憶しています。つまり、日米で比較的大きな温度差があり、アメリカに行き、熱気を肌で感じてくると物の見かたが変わった、ということなのでしょう。

銀行の調査部門では、よく「足で書け」と言われます。データを眺めてばかりいないで、多くの人に会って話を聞かないと、本当の景気はわからない、という意味ですが、例外もあるのでしょう。

バブルかもしれないと思われる国については、その国に出張に行くことで、かえって目が曇《くも》り、正しい判断ができなくなるのです。

第5章

住宅バブルは、世界をどう変えたか?

1　サブプライム・ローンの証券化

●なぜ、住宅価格は上昇したか？

アメリカでは、二〇〇〇年にITバブルが崩壊したあと、景気が悪化したため、景気対策として金融が緩和されました。

金融緩和で金利が下がると、住宅を買おうという人が増えます。住宅価格も家賃も一定だとすると、借金をして家を買って銀行に金利を払うほうが、借家に住んで家賃を払うよりも有利になってくるからです。そうなると、住宅の取引価格は上昇していき、新築の住宅建設も増加します（図表8）。

住宅価格が上昇を続けていると、来年買う予定だった人が借金をして今年買うようになるので、住宅価格はいっそう上昇します。中古の住宅が値上がりすると、新築したほうが得だと考えて、新築する人も増加します。値上がり期待で、投資として住宅を購入する人も増えてきます。

図表8　住宅バブル期の住宅価格と着工戸数の推移

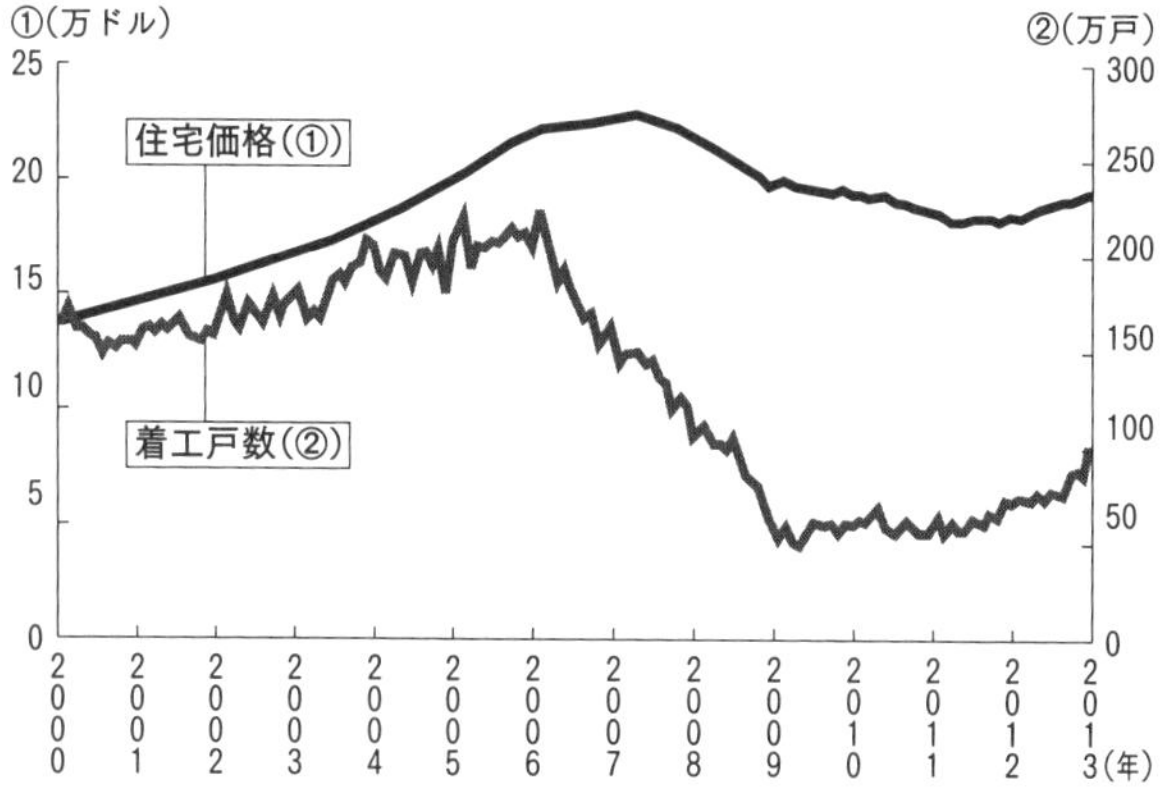

（出所／Federal Housing Finance Agencyなど）

こうして、住宅関連産業は活況を呈《てい》し、住宅価格はファンダメンタルズから説明が困難なレベルにまで上昇しました。

住宅価格が上昇しても、一般の消費者物価はそれほど上昇しなかったので、金融は緩和されたままでした。バブルを抑えるために金融を引き締めるという考えかたもあるのですが、ＦＲＢのグリーンスパン議長（当時）は、バブル対策に金融政策を用いることに否定的でした（143ページ）。

バブル期の常として、資産価格が上昇を続けて人々が不思議に思い始める頃、価格上昇を正当化する「理論」が登場して、人々を安心させます。今回は、「アメリカには移民が大量に流入してくるため今後、大量の住宅を必要とするから、住宅価格の上昇も住宅建設の活況も理《り》に適《かな》っている」というものでした。

あとから考えれば、アメリカには昔から移民が大量に流入していたわけで、昨今急に移民流入が増えたわけではなく、したがって急に住宅産業が活況を呈したことの説明にはなっていないのですが、なぜか人々は納得し、安心したのです。

今ひとつ、住宅価格は、新築住宅価格（＝住宅建設コスト）とかけ離れて上昇を続けることは考えにくいので、地価や株価のバブルに比べて発生しにくいはずなのですが、なぜか人々は価格の上昇が今後も続くと考えたのです。

●サブプライム・ローン

住宅市場でバブルが拡大してくると、銀行の融資基準が甘くなります。通常ならば融資対象にならないような信用力の低い人々にも、住宅ローンを貸すようになるのです。

それは、住宅価格の上昇を前提として、「借り手が返済できなければ、担保の住宅を競売すればよい」と考えるからです。このような貸出を、プライムレート[34]では貸せない相手への貸出ということで「サブプライム・ローン」と呼びます。

黒人などのマイノリティーが住宅ローンを借りやすくなるように、という政治的な意図もありました。アメリカの住宅建設を支援する目的で設立されたファニーメイ（連邦住宅抵当公庫）などが、銀行によるマイノリティーに対する住宅ローンについて、保証や買取の要件を緩和するなどの配慮をするようになったのです。

実際のサブプライム・ローンのしくみは複雑なので、本質が理解しやすいように、わかりやすく記載します。一般の読者の方は、次のような理解をされても問題ないと思いますが、厳密に言えば若干不正確ですので、必要があれば適宜《てきぎ》、専門書などを参照してください。次項で述べる、証券化についても同様です。

サブプライム・ローンの多くは、「2年後に借り換えさせて、新しい住宅ローン債権を証券化（次項で詳述）する」ことを目的として組まれていました。

たとえば、銀行は信用力の低い借り手から住宅ローンの借り入れ申し込みを受けた時、10万ドルを金利ゼロで2年間融資し、元本の返済を2年間猶予《ゆうよ》します。手数料を

1万ドル徴収し、残った9万ドルで家を買わせます。そして、その家を担保に取ります（＝その家に抵当権《ていとうけん》を設定します）。

2年後、9万ドルの家が10万ドルに値上がりしたところで、その家を担保に、新たに10万ドルを融資し、既存の融資を全額回収します。そうなると、新しい融資は「過去2年間、一度も元本と利子の返済を怠《おこた》らなかった優良な借り手に対する融資」と認定され、証券化が容易になるのです。

●証券化のしくみ

アメリカでは、銀行が住宅ローンを貸し出すと、それを証券化するのが普通です。証券化のしくみは、図表9のとおりです。

まず、銀行などが資本金1ドルで社員がいないペーパーカンパニー（発行体と呼びます）を作ります。実際には、発行体は会社組織ではなくファンドである場合も多いのですが、ここでは会社とします。発行体が社債を発行して投資家から資金を集め、それで銀行から住宅ローンを購入します。この社債のことを、「住宅ローン担保証券」

図表9　証券化のしくみ

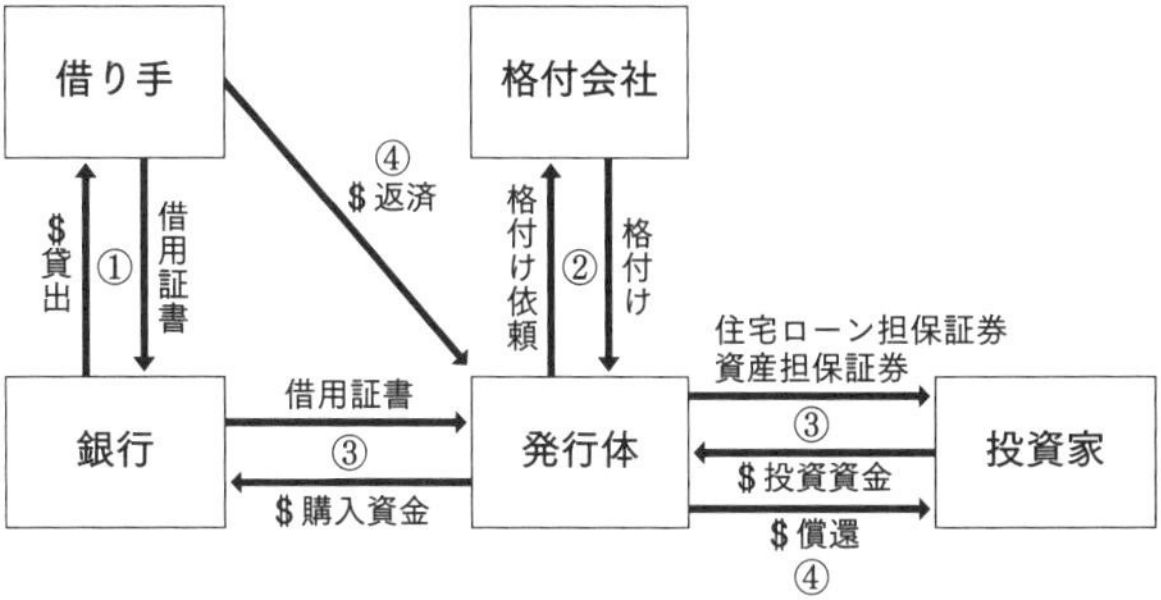

と呼びます。

余談ですが、住宅ローン以外にも、自動車ローンなどを証券化する場合もあり、その際に発行される証券は「資産担保証券」と呼ばれます。

住宅バブル時は、住宅ローン担保証券を購入して証券化していた発行体もあり、その発行する証券は「債務担保証券（CDO＝Collateralized Debt Obligation）」などと呼ばれていました。

証券化によって、銀行は、借り手との関係がなくなり、借り手は元利払いを発行体に対して行なうことになります。発行体は、借り手から受け取った住宅ローンの元利金を用いて、投資家への社債の利払いと償還《しょうかん》を行なうことになります。

投資家は、資本金1ドルの発行体の社債を買って、だいじょうぶなのでしょうか？　それは、格付《かくづ》け（レーティング）を見てから買うから、安心なのです。発行体の社債は**格付会社**[35]が格付けをつけて発表しており、それを見れば、発行体の返済能力がおおよそ見当がつくようになっています。

●証券化のメリット

銀行にとっての証券化のメリットは、自己資本比率規制がクリアできることです。貸出先を数多く抱える銀行は、自己資本比率規制があるため、借り入れ申し込みを断わらなくてはなりません。しかし、貸出を実行し、ただちに貸出債権を発行体に売却すれば、規制を気にする必要はありません。当然、売却価格は、貸出金額よりもすこし高い金額です。

銀行の今ひとつのメリットは、金利リスクを負わずにすむことです。住宅ローンの貸出は長期間にわたり、しかも金利が貸出時点で固定されているものが少なくありません。いっぽうで、銀行の受け入れる預金は短期がほとんどですから、金融政策の変更によって利率が上下します。

そのため、住宅ローンを貸し出したあとで金融引き締めが行なわれると、銀行は逆ざや（貸出金利より預金金利が高い状態）に陥るリスクがあるのです。証券化によって住宅ローン債権を売却してしまえば、銀行はこうしたリスクを負わずにすみます。

発行体は、住宅ローンの金利よりも社債の金利を低くすることで、利ざや（＝金利差分）だけ利益になりますから、そのなかから格付会社の費用などを支払うことができます。

投資家は、発行体の社債の利回りが比較的高ければ満足します。一般に、住宅ローンの金利は、国債などの利回りに比べて相当高いので、銀行が売却益を得て、発行体が利ざやを稼いでもなお、社債の利回りは国債などの利回りよりも高くなります。

なぜ、そのようなことが可能か、すこし難しくなりますが考えてみましょう。

自己資本比率規制によって、本来銀行が貸したい金額より貸せる金額が少ないとしましょう。借り手のなかには、「高い金利でも払うから、とにかく貸してほしい」という人も多いはずです。そうした借り手の需要に応えるため、銀行は割増金利を借り手から受け取り、その分を格付会社や発行体に支払うことによって貸出を証券化するのです。それにより、銀行は、自己資本比率規制の限度よりも多くの貸出を行なうことができるのです。

自己資本比率規制がなくても、証券化が行なわれる場合もあります。投資家にとっては、銀行から直接住宅ローン債権を購入するよりも、住宅ローン担保証券を買うほうが望ましいからです。

理由の第一は、住宅ローン債権を1件だけ購入すると、たまたまその借り手が破産した時には大きな損失を被るので、リスク分散を図るためです。

発行体は、多数の住宅ローン債権を購入しているので、そのうちの一部が踏み倒されても「想定の範囲内」であり、あらかじめ利ざやに含めてあるので（＝あらかじめ確率的に予想される損失をカバーできるように、住宅ローンと社債の金利に差をつけて利ざやを厚めに設定してあるので）、投資家への支払いが滞《とどこお》る可能性は小さいのです。

理由の第二は、投資家が売りたい時に売りやすいためです。格付会社のレーティングがついている住宅ローン担保証券のほうが、個々の住宅ローン債権よりも、はるかに容易に買い手を見つけることができるのです。

このように、投資家が、銀行から直接買う場合と比べて住宅ローン担保証券を買うメリットがあるということは、証券化が価値を生み出したということになります。したがって、生み出された価値の一部を発行体が利ざやという形で受け取り、その一部を格付会社に格付費用として支払っている、と考えることができるのです。

●証券化の問題点

証券化じたいは、理屈のうえではバブルと直接の関係はありませんが、実際には証券化がバブルを拡大させたという面は否定できないでしょう。

まず、銀行にとっては、貸出審査が甘くなった可能性があります。最後まで自分が貸し手である場合には、借り手の返済能力を真剣に調べますが、借り手が返済不能に陥っても、自分は損をせず、住宅ローン担保証券の投資家が損をするだけだと思えば、審査の「手を抜く」のは〝人情〟かもしれません。

格付会社の格付けにも、問題があったと言われています。発行体の依頼を受けて格付けを行なうので、どうしても甘く格付けする誘因が働く可能性は否定できません。

特に、証券化商品が技術進歩によって複雑になるにつれて、格付けがブラックボックス化していくと、そうした誘因は強くなったのかもしれません。

格付けにともなう今ひとつの問題は、格付会社が悪いというわけではないのですが、バブル期に過去のデータを見て格付けをする危険性です。

景気が良く、住宅価格が上昇を続けている時には、サブプライム・ローンは順調に借り換えられていきますから、過去のデータを分析すると「サブプライム・ローンは安全」という結果が得られます。これを用いて「サブプライム・ローンを集めて証券化した住宅ローン担保証券は安全」という格付けを出すとすると、やはり、それは問題です。

証券化の技術が進歩して、しくみが複雑な証券化商品が大量に出回るようになったので、投資家は証券化商品のリスクを自分で判断することが難しくなり、格付けに頼らざるを得なくなっていました。このような時に、格付けに問題があったのですから、これは深刻な問題と言えるでしょう。

●なぜ、投資銀行は証券化を推進したのか？

アメリカで、証券化の複雑なしくみを作り、推進したのは、「投資銀行」と呼ばれる会社です。投資銀行とは、「銀行」という名前ですが、日本の銀行とはまったく異なり、日本の大手証券会社の本社部分というイメージです。

日本の大手証券会社は、各支店で個人客の株式売買の仲介をしている部分を除くと、取引先の株式発行や社債発行の業務を取り扱っていますが、自分でも株式や社債を持ったりしています。その部分だけに集中的に従事しているのが投資銀行だと考えてよいでしょう。

投資銀行の社員は、決められた固定給は低く、業績に応じて巨額のボーナスが支払われる報酬体系になっています。そうなると、大きなリスクを採って勝負をして、勝てば巨額のボーナスがもらえますし、負けてもクビになって失うものはわずかな固定給です。これは、リスクを採るインセンティブ（＝動機）を持つことになります。

彼らの上司も同様の報酬体系ですから、部下の行動を止めるどころか推奨するインセンティブを持ちます。こうして、多くの投資銀行がハイリスク・ハイリターンのビジネス（悪く言えばバクチ）を行なっていきました。

たとえば、住宅価格が上昇を続ければ巨額のもうけが、続かなければ巨額の損失が出るような証券化商品を作り出して、自社で大量に購入していました。

投資銀行がＣＤＯ（155ページ）などを大量に購入したことで、銀行はサブプライム・ローンを大量に貸し出しても、容易に証券化できることになり、バブルが拡大していったという意味では、投資銀行の報酬体系がバブル拡大の一因と言えるのかもしれません。（同時に、バブル崩壊後の金融危機の原因を作ったのかもしれません）。

報酬体系とは直接関係ありませんが、担当者のインセンティブとしては、「他社と同じことをしていれば、失敗しても許されるかもしれないが、他社と異なることをして失敗したら許されないだろう」という考えもあったと言われています。

つまり、他社がリスクを採っている時ならば、担当者としてはリスクを採りやすい、というわけです。

●他とは異なる崩壊理由

バブルは、いつかは崩壊します。アメリカの場合は、ゆるやかな金融の引き締め（金融緩和から中立への復帰）にともない、価格の上昇が止まったことが引き金でした。

今回は、住宅価格の暴落が発端ではなく、価格上昇が止まりサブプライム・ローンの焦げ付きをもたらしたことが発端だったという点で、他のバブルとすこし異なりますが、本質は同じです。

サブプライム・ローンは、住宅価格の上昇を前提として貸し出されたものですから、価格上昇が止まってから2年（契約によっては3年）経《た》つと、ほぼ自動的に返済不能になります。そうなると、大量の住宅が競売にかけられることになり、住宅価格が下落します。

そうなると、いっそう多くの住宅ローンが焦げ付き、いっそう競売物件が増えることになるのです。

2 リーマン・ショックと市場の暴走

●リーマン・ブラザーズの破綻《はたん》

二〇〇八年九月、アメリカの大手投資銀行リーマン・ブラザーズ（以下、リーマン）が破綻しました。当時、同社は住宅ローン担保証券および、それをさらに証券化したCDOなどを大量に保有していて、経営が危ないと噂されていました。

金融の世界は恐ろしいもので、皆が危ないと思った会社には、誰も資金を提供しないので、その会社は本当に危なくなります。

リーマンの場合、本当に保有資産の価値が下落していたので、市場の「審判」は正しかったのですが、それでもなお、リーマンの元社員の間では「数ある危ない会社のなかで、なぜリーマンが最初だったのか」という疑問は残っているようです。

問題は、リーマンが危機に瀕《ひん》した時に、なぜアメリカ政府が救済しなかったのか、ということです。「リーマンは自己責任で危険な取引をしたのだから、結果について責任を負うべきだ」というのは理屈ですが、リーマンを見殺しにしたことでリーマン以外の多くの人々が甚大《じんだい》な被害に遭《あ》ったことを考えると、判断は誤りであったとしか言いようがありません。

税金でリーマンを救済することにアメリカ議会が批判的だったという説もありますが、その後の展開を見たあとで聞くと、まったく説得力はありません。今次の判断は、世界経済史に残る政策ミスと言えるでしょう。

●貸《か》し渋《しぶ》り

大手金融機関が破綻すると、日本の平成バブル崩壊後の金融危機と同様の事態が起こりました。日本との違いは、タイムラグがなかったことです。

日本では銀行が不良債権処理を先送りしたために、バブル崩壊から金融危機まで数年間の間隔がありましたが、アメリカでは銀行などが不良債権処理を急いだため、短期間で激しい危機があったのです。

まず、金融機関相互の資金貸借が凍《こお》りつき、金融市場で資金を調達していた金融機関はただちに資金不足に陥りました。貸し手であった金融機関も、自己の資金繰りが万が一にも破綻しないように、現金をできるだけ多く持とうとして、融資には消極的になりました。

こうして、金融機関の貸し渋りが広がりました。これに対しては、FRBが市場に対して巨額の資金供給を行ない、金融機関の資金不足による貸し渋りを緩和しました。

また、大手銀行が自己資本不足に陥り、自己資本比率規制の関係で貸し渋りをしました。それに対して、政府は銀行に対する**公的資金注入**[36]を試みましたが、国民の反対で容易には注入できず、悪戦苦闘の末の注入となったのです。

金融危機の結果、景気が大幅に悪化し、積極的な景気対策が採られました。その結果、アメリカの財政赤字は大幅に悪化しました。

●市場の暴走

リーマン・ショックが見せつけたのは、一度暴走し始めた市場は自分では止まらず、むしろ暴走を加速していく、ということでした。

市場では、人々の相場観での売り買いが暴走することもあります。たとえば、バブル期には皆が上がると思うから買い、買うと実際に上がり、それを見て人々はいっそうの価格上昇を予想する、といった具合です。しかし、こうした相場観からの売り買いは、人々の相場観が反転すれば、おのずと逆転します。怖いのは、相場観に関係のない売り注文です。

不動産価格が下落し始めると、銀行は不動産担保融資を止めますから、不動産の買い注文が減り、価格はいっそう下落します。そうすると、借金で不動産を買った人々の破綻が増加し、その分は競売にかけられるので、さらに不動産価格は下落します。こうした悪循環は、人々の相場観にもとづくものではないので、容易には反転しません。

短期の借り入れを原資に株式や不動産や債券などに投資している企業は、株価などが下落すると借金の借り換えができず、手持ちの株などを売却することを強いられます。こうした売り注文が、さらに株価などを押し下げる悪循環につながるのです。

景気が悪化すると、銀行の不良債権が増加して決算が赤字になり、自己資本が減って貸し渋りを始めます。そうなると、景気はさらに悪化して不良債権がいっそう増加する悪循環に陥ります。景気の悪化が進むと、銀行のなかに経営状態の悪化するところが出てきます。そうした銀行は資金調達が難しくなり、破綻の危機に瀕《ひん》します。破綻の危機に瀕しているという噂が立つと、本当に資金繰りが難しくなり、実際に破綻するかもしれません。

「金融は経済の血液」と言われます。金融が止まると、経済活動が止まってしまう、という意味です。たとえば、銀行が貸し渋りをすると、企業は設備投資ができず、材料の仕入れができず、給料が払えず、倒産してしまうかもしれません。金融が血流よりも恐ろしいのは、血流は実際に問題がある場合にだけ止まりますが、金融は皆が危ないと思っただけで、実際には問題がなくても止まる場合があることです。

こうした市場の暴走は、理論的には昔から起こり得ましたが、最近さらに深刻度を増しています。経済における金融のウエイトが増したことで、「尾が犬を振り回す」ことが頻繁に起きるようになっているのです。

●金融機関の変化

バブルが崩壊し、世界的な景気の急激な落ち込みを経験した人々は、何を教訓として学び、どのようにバブルの再発を防止するようなシステムを作ったのでしょうか？

不動産バブルについては、その発生や拡大を防ぐメカニズムは特に作られていませんが、今回注目されるのは、投資銀行がＦＲＢの支援を受けるために、商業銀行（日本の銀行と似た業務を行なう金融機関）に衣替《ころもが》えをしたことです。

商業銀行になったので、ＦＲＢの密接な監督を受けるようになりましたし、自己資本比率規制にも服することになりましたので、今までのようなハイリスク・ハイリターンビジネスはできなくなりました。

これにより、直接的にはバブルが崩壊しても金融危機が起こりにくくなったわけですが、そもそもバブルが拡大しにくくなる効果も期待されています。それは、投資銀行がハイリスク・ハイリターンビジネスを行なわなければ、銀行が貸出を証券化できる分量が限られるため、銀行の貸出がそれほど増えず、バブルが拡大しにくいからです。

次回のバブルの際、銀行融資がそれほど増えずにすむのか、別の金融機関がかつての投資銀行と同じような機能をはたすのか、注目されるところです。投資銀行の行動が制約されても、住宅ローン専門金融機関のようなところが代わりに大活躍をするようであれば、事態はそれほど変わらないかもしれません。

また、ドッド・フランク法（ウォール街改革および消費者保護法）の制定も、次回のバブル時に抑制要因として機能することが期待されます。

たとえば、同法によって銀行などの自己勘定取引が制限されたこと、**ヘッジファンド**[37]や格付会社に対する規制の強化などが定められたことは、仮に今回と同様の住宅バブルが発生した場合に、住宅ローンの証券化を抑制し、結果として住宅ローン貸出を抑制し、バブルの拡大をゆるやかにする効果が見込まれるでしょう。

３　日本、そして世界へ飛び火

●世界的な金融収縮

アメリカの景気が悪化すると、日本の景気がそれ以上に悪化する、というメカニズムは第４章で説明しました。ＩＴバブル崩壊後、アメリカの消費者は節約したため、財の購入、なかでも高品質高価格な日本製品の購入が減りました。日本からアメリカ以外の国への部品や設備機械の輸出も減りました。

リーマン・ショックでは、同様なことがはるかに大きなスケールで起きたのです。ＩＴバブルの時にはなかった影響として、世界的な金融収縮により日本国内にも若干の金融収縮が発生しました。これが貸し渋りを通じて、日本の景気に悪影響を及ぼしたほか、株安を加速した面もありました。加えて、大幅な円高が進行し、これも景気を下押ししました。

こうしたことから、国内景気は大幅に落ち込みました。極端に落ち込んでいた期間は、在庫調整の影響が集中的に出ていた期間なので、短期間である程度の回復は見せました。しかし、その後の回復ペースが鈍《にぶ》く、5年以上経過した現在でも、いまだにリーマン・ショック前の水準には戻っていません。

リーマン・ショックの日本への影響で、ほとんど唯一プラスであったのが、国際金融市場における、日本の金融機関のプレゼンス（存在感）の回復です。アメリカの金融機関の凋落《ちょうらく》を受けて、相対的な地位が向上したのです。

その後、ヨーロッパでもギリシャの破綻などによって金融機関が苦境に陥ったため、日本の金融機関は、ヨーロッパの金融機関に対しても相対的な地位を回復させました。具体的には、欧米金融機関に出資を行なったり、彼らが縮小・撤退した市場（アジアなど）で顧客を取り込んだりしたのです。

邦銀は、平成バブル崩壊後に外国での営業を縮小せざるを得ず、欧米金融機関に顧客をやすやすと奪われた苦い思い出がありますが、今回はそれと逆の現象が起きたわけです。

第6章

バブルは繰り返す

1 今は、バブルが起きやすい

●頻発《ひんぱつ》するバブル

第2章から第5章まで、さまざまなバブルについて見てきましたが、これらはほんの一例にすぎません。バブルは、実に頻繁に生じています。

『[新版]バブルの物語』の著者で元ハーバード大学名誉教授ジョン・K・ガルブレイスは、バブルが繰り返し発生するのは、前回のバブルについての人々の記憶が簡単に薄れるからだ、としています。

「バブルは30年間隔で繰り返す。バブルの痛手を被った人々が引退して、バブルを知らない世代が表舞台に立つからだ」と言う人もいます。しかし、実際のバブルは30年よりもはるかに短い間隔で発生しています。

IMF[38]のレポートによれば、一九七〇年から二〇〇七年までに124の不良債権問題による銀行危機が発生しています。大規模な金融危機を引き起こす主因はバブル崩壊ですから、おおむねそれだけの数のバブルが世界中で起きていることになります。

なぜ、バブルはこれほど頻繁に発生するのでしょうか？　それは、「愚《おろ》か者《もの》」でない人々もバブルに踊るからなのです。一般に、バブルに踊るのは愚かな人々だと思われています。ガルブレイスもそう言っています。しかし、バブルを起こすのは愚か者とは限らないのです。

もちろん、愚か者が起こしたバブルもあるでしょうが、愚か者が愚かなことをしたのであれば、反省すれば事《こと》はすみます。人類は失敗を反省することで賢くなってきたのですから、バブルが起きない世界が作れたかもしれません。少なくとも、愚か者がバブルに踊っている時に、政府がバブルを潰すことはできるでしょう。

つまり、愚か者の仕業《しわざ》にしていては、これほどバブルが繰り返されることの説明はつかないのです。

実は、バブルの多くは、賢い人々が合理的に考えた結果として起きています。「惚れ込み型バブル（51ページ）」の時は、賢い人も普通にバブルに参加します。「他力本願型バブル（50ページ）」でも、愚か者が踊っているだけとは限りません。賢い人が合理的に考えて参加する場合もあるのです。

だから、人類は反省できずに「過《あやま》ち」を繰り返すのです。

●愚《おろ》か者《もの》のバブル

ガルブレイスは、「バブルは欲に目が眩《くら》んだ愚か者の過ち」と理解していたようです。たしかに、隣人が大もうけした話を聞くと、投機に踊ってはいけないと理性ではわかっていても、つい自分も手を出してしまうという人は多いでしょう。

バブル期には人々の警戒心がゆるみ、ふだんは賢い人も、つい愚かな投機に走ってしまうこともあるでしょう。ちなみに、バブル期には、詐欺師が荒稼ぎをするのが常ですが、これはバブルのその側面を利用したものだと言えます。

ガルブレイスは、「投機家は、暴落の前に自分は売り逃げることができると考えているが、実際にはそうではない」とも言っています。

たしかに、それもバブルが頻発する要因なのかもしれません。人間は、自分の能力を実際よりも高く評価する傾向にあるからです。たとえば、職場では他人からの評価より自己評価が高くなりがちです。また、「あなたは平均よりも運転が上手ですか」という質問には、半数以上の人がイエスと答えるという実験結果も出ています。こうした傾向は、日本人よりも外国人のほうがより強いかもしれません。

禁煙やダイエットをすべきと理性ではわかっていても、理性が感情に負けてしまうことは珍しくありません。理性が感情に負けるのは、知能指数の高低と関係ないので、天才物理学者も天才経済学者も凡人《ぼんじん》と同様の過ちを犯《おか》す可能性があるでしょう。投機に踊ってはいけないと理性ではわかっていても、隣人が大もうけした話を聞くと、つい自分も手を出してしまうことも、同じようなものなのでしょう。

集団心理も、バブル拡大の要因となり得ます。皆が同じ行動をとることで、皆が安心し、皆の夢と合致しない情報は避けられ攻撃されるようになっていくのです。

しかし、かつてのバブルはともかく、最近のバブル（第3章〜第5章）について言えば、愚か者の投機がバブルの主因だったとは、とうてい考えられません。そうであれば、愚か者の投機によって将来もたらされるであろうバブル崩壊の悲劇を政府などが予想して、当然にバブル潰しを図っていたはずだからです。

ちなみに、ITバブル崩壊後にFRBのグリーンスパン議長（当時）は、「バブルは、崩壊してはじめてわかる」と言っています。これは、ITバブルが愚か者のバブルではなかった、ということを示唆するものです。愚か者が踊っていただけであれば、賢明な議長にはバブルであることが明らかにわかったはずだからです。

●合理的バブル

他力本願型バブルは、人々が明らかに高すぎる値段で株を買うことで拡大していきます。これは、愚かな行為のように思われますが、必ずしもそうとは限りません。経済学者は、「他力本願型バブルはすべて愚か者の仕業だ」とは考えません。「賢い人も他力本願型バブルに参加することがある」と言うのです。

たとえば、ニュートンはバブルだと知って投機しました。欲に目が眩んだのかもしれませんが、合理的に考えて投機に参加すべきだと冷静に判断したのかもしれません。そうであれば、経済学で言う「合理的バブル」です。

たとえば、人々が「現在の株価は高すぎるが、明日は２％値上がりする確率が99％、ゼロになる確率が１％だ」と信じているとします。その場合、期待値から考えて、投資を行なうことは合理的です。

世界中の人々が「明日も上がるだろう。なぜなら、世界中の人々が明日も上がると思っているからだ」と信じて疑わない場合には、明日も上がる可能性が99％以上あると考えても問題ないでしょう。したがって、経済学の範囲内では、こうした合理的なバブルは存在し得るでしょう。

しかし、実際にはこうした場合も、政府などがバブルを潰しに入るはずです。個々の投資家にとって合理的であったとしても、それを認めることによってバブル崩壊後に経済全体の混乱が引き起こされるのであれば、そうした投資は経済全体として望ましくないからです。そう考えると、最近のバブルは合理的バブルでもなかったことになります。

すこし話が脱線しますが、全員が合理的に行動した結果として全員がひどい目に遭う、ということはしばしばあります。たとえば、劇場の火事の時に全員が出口に向かって走れば出口が混雑して誰も逃げられなくなります。そうした時には、個々人が愚かな行動をしているのか合理的に行動しているかにかかわらず、政府は人々の行動を変えさせる（たとえば整列させるなど）必要があるのです。人々が合理的バブルに興《きょう》じている場合も同様です。

さきほど「最近のバブルは」と書いたのは、以前の政府と現在の政府では、行動原理がまったく異なるからです。第2章で採り上げたチューリップ・バブルは、どう見ても他力本願型バブルであるにもかかわらず、政府が静観《せいかん》していたために膨《ふく》れ上がりました。現在の政府ならば、当然バブル潰しを行なうはずですが、当時の政府は民間のバブルには興味がなかったのでしょう。

また、ミシシッピ・バブルは、ミシシッピ会社をすばらしいと思っていた人々にとっては惚れ込み型バブルでしたが、フランス政府はミシシッピ会社の実体がとぼしいことを知っていたので、当然バブルを止めるべきでした。しかし、同社はフランス政府の財政赤字を解消する手段でしたから、フランス政府はバブル潰しではなく、バブルを黙認する、あるいは煽《あお》る立場に立ったのです。こうしたことは、現在の政府では起き得ませんから、他力本願型バブルは拡大しないのです。

なお、愚か者のバブルであれ合理的バブルであれ、他力本願型バブルでは、投資家たちが恐る恐る投資をしますので、ひとたび価格が下がり始めると、皆がいっせいに売り注文を出し、価格は暴落することになります。

その際には、買い注文がきわめて少ないので、出来高は少なくなります。つまり、一度崩壊が始まってしまってからでは、売り抜けることは非常に難しいでしょう。

●惚《ほ》れ込《こ》み型バブル

平成バブルでは、多くの人々は「日本経済は世界一で、二十一世紀は日本の時代だから、地価や株価が高いのは当然」と考えて、投資をしていました。株価や地価が高すぎる（＝価格がファンダメンタルズから説明できないほど上昇している）という認識は薄く（明確に意識していたか否かはともかく、おぼろげだとしても）、むしろ今までがファンダメンタルズに比べて安すぎたので、ファンダメンタルズに向かって上昇しているという理解をしていたはずなのです。

そう考えると、都心の地価は上昇が止まってからも下落せず、他の地域に上昇が波及していったのは、都心の地価が人々の想定するファンダメンタルズに追いついたからという説明が可能となります。

先述のように、筆者はこれを「惚れ込み型バブル」と呼びましたが、人々が「バブル」という言葉からイメージするものとは異なるので、「広義のバブル」とも呼びます。

投資家たちがまちがえていたのは、「二十一世紀は日本の時代だ」という予測部分です。そもそも、予測じたいが強気すぎたわけですが、これは当時の経済情勢から考えて、ある程度しかたのないことだったと思われます。

問題は、「二十一世紀は日本の時代かもしれないが、違うかもしれない」と考える冷静さが足りなかったことです。こうした冷静な判断力を失わせるのが、時代の雰囲気としての「陶酔的熱狂」です。

最近のバブルの本質は、この惚れ込み型バブルです。「二十一世紀は日本の時代」「ITは夢の技術」「移民で増える住宅需要」といった理屈によって、「今までが低すぎたので、値上がりは当然だ」と人々が考えていたのです。

惚れ込み型バブルがめんどうなことは、賢者《けんじゃ》もバクチ嫌いも結果として投機に参加し、政府も投機を抑制しないことです。賢者といっても、経済の先行きがそれほど正確に予測できるわけではありませんから、どうしても現在好調なものは将来も好調が続くと考えがちです。これは、たとえば「プロの景気予測や金利予測を平均すると、将来の景気や金利が現在とそれほど違わないことになる」ことからも、容易に理解できます。

バクチ嫌いの人も、惚れ込み型バブルの場合には、投機と気づかずに結果として投機を行なっていた、ということが起こります。

たとえば、平成バブルの時には普通のサラリーマンが「今自宅を買わないと、一生買えずに借家に住むことになるので、急いで買おう」と考えて、住宅ローンを借りて自宅を買いました。今がバブルと気づいていたら、今購入すると結果として投機に踊ることになる、と気づいていたら、株の短期売買をすることはあっても、自宅を購入することはないでしょうから、彼らは投機だとは気づいていなかったはずです。

さらにやっかいなのが、政府などもバブル潰しに動かないことです。彼ら自身がバブルであることに気づかない場合も多いですし、「もしかするとバブルかもしれないから、早めに潰したほうがよいのではないか」と考えた場合でも、人々が株高と好景気でハッピーな時にバブルを潰すには、その理由を説明して人々を納得させなければなりません。これは非常に難しいことです。

こうしたことが重なるので、惚れ込み型バブルは繰り返すのです。これに、愚か者が投機として参加することもあるでしょう。賢者が「合理的バブル」と考えて参加することもあるでしょう。

特に惚れ込み型バブル終盤になると、「この価格は高すぎる。バブルかもしれない。そうだとしても、今回の投機に参加する価値がある」と考える人の比率が上昇して、純粋な惚れ込み型バブルと言えなくなる場合もあるかもしれません。そうなると、政府などがバブル潰しを行ないやすくなるので、ようやくバブルが終わる、ということかもしれません。

惚れ込み型バブルの場合は、バブルの崩壊過程が比較的ゆるやかです。価格が下落を始めても、人々の多くは、たとえば「二十一世紀は日本の時代」といった理屈を信じているので、全員がいっせいに売るということではなく、むしろ下がったところで買おうという人も少なくないからです。

そうしたこともあり、平成バブルの場合には、バブル崩壊後も、政府などがバブルの再発を恐れてバブル潰しの手綱《たづな》をなかなかゆるめなかった経緯があります。こうした点も愚か者のバブル、合理的バブルとの違いです。

●バブルが膨張する理由

アメリカのITバブルや住宅バブルなどは、基本的には惚れ込み型バブルだったと思われますが、合理的バブルの側面を持っていた可能性もあります。それは、重要なプレーヤーのなかに、投機のインセンティブを強く持った人々がいるからです。

アメリカなどでは、成功報酬で投資アドバイザーを雇う場合が少なくありません。その場合、投資アドバイザーは、顧客が投機をしたほうが自分の利益になるので、投機をすすめ、バブルを助長することが考えられます。

たとえば「もうけの1割を報酬として支払う」という契約の投資アドバイザーがいるとします。「確率5割で財産が2倍に増え、確率5割で財産がゼロになる」賭けがあれば、アドバイザーは賭けをすすめるでしょう。リスクの小さい定期預金をすすめれば、自分にはわずかな報酬しか入りませんが、賭けをすすめれば確率5割で莫大《ばくだい》な報酬が自分に入るからです。

投資銀行の社員たちも、会社の資金で投機を行なうことが自分の利益になるので、バブルを助長しかねません。

第5章で述べたように、アメリカの投資銀行の報酬システムは成功報酬でした。決められた年俸《ねんぽう》は低く、もうかれば巨額のボーナス、損をすれば解雇《かいこ》という雇用契約です。損を出して解雇されても失う年俸はもともと少ないので、経営者にとっても担当者にとってもリスクを採って会社のカネで〝バクチ〟を打つことが合理的だったため、会社全体としても大きな〝バクチ〟を打つことになったようです。

この場合には、恐る恐るの投資ではないので、できるだけハイリスク・ハイリターンを狙う投資も行なわれるはずで、よけいにバブルを膨張させます。

●予防策はあるか？

バブルを防ぐための対策が採られにくいことも、バブルが繰り返される原因です。バブルが発生し拡大を続けている時に、これを押さえ込むことは容易ではありません。まず、当局（政府や中央銀行など）が、バブルであることに気づくのが簡単ではなく、気づいたとしても、人々を説得してバブル潰しを認めてもらう必要があるからです。

そうであれば、バブルが拡大しないしくみを作っておくことは有益です。しかし、そうしたしくみはほとんど作られていません。

強《し》いて言えば、バブル対策ではありませんが、銀行の自己資本比率規制はバブル拡大を抑制する方向に働くでしょう。銀行が融資を無制限に増やせるわけではないからです。しかし、実効性は高くありません。バブル期には、銀行が増資によって自己資本を増やすことも、貸出を証券化して自己資本比率の計算から除くこと（156ページ）も容易だからです。

今ひとつ、世界恐慌後、アメリカで一九三三年に制定された「グラス・スティーガル法」が、銀行と証券の分離を定めていたことも、バブルの拡大にある程度の歯止めになっていたと思われますが、すでに廃止されています。

日本でも類似の法律（証券取引法65条）がありましたが、これも一九八一年以降、順次緩和され、一九九三年四月から銀行と証券の相互参入が認められたため、銀行と証券の分離は事実上の制約条件とはならなくなっています。

リーマン・ショック後、アメリカの投資銀行が商業銀行となり、自己資本比率規制に服《ふく》すことになったので、バブル期に行なわれる証券化がすこしは制限されるようになったかもしれませんが、これも実効性は高くないでしょう。投資銀行が自分で持っていた分が減るだけで、バブル期に他の投資家たちが争って証券化商品を買っていた分には関係ないからです。

バブル期には金融機関が活動しにくいように制限しようという考えもありますが、どういう時がバブル期かを定義する必要があり、これは困難な作業です。

たとえば「平均株価が前年比で5割以上上昇した時は、銀行は融資を減らすべし」といった法律は可能ですが、そうするとアベノミクスで株価が急回復した二〇一三年五月のような時にも、銀行融資を減らさなくてはならず、望ましくない事態に陥る場合も少なくありません。

●投機は規制できるか?

投資は良いことで、投機は悪いことだと一般に思われていますし、投機を取り締まればバブルは起きなくなると考える人も多いでしょうが、話はそれほど簡単ではありません。

そもそも、投資と投機の違いはなんでしょうか? 投資は長期、投機は短期という傾向はあるでしょうが、それだけではなさそうです。「投機は市場の心理を予想してもうけようとする行動」と言う人もいます。「投資は価値の変化でもうける行為で、投機は価格の変化でもうける行為」と言う人もいます。

いずれも、それなりの説明ではありますが、この程度の定義では、投機を取り締まることはできません。取り締まるためには、許されることと許されないことの境界線を明確に示さなければならないからです。また、取引の意図によって、投機か否かを分けるとすると、処罰するためには取引者の意図を証明しなければならず、これも実際には大変困難な作業となります。

また、「投機がすべて悪ではない」と言う人もいます。

たとえば、凶作で飢饉《ききん》が予想される時に食料を買い占めることは、人々の食料消費を減らして、次の収穫まで食料をすこしずつ消費させる効果があると言うのです。投機を禁止すれば、人々は凶作でも、ふだんと同じ値段で同じだけの食料を消費するから、次の収穫期前に食料が尽きて全員、飢《う》え死《じ》にするというわけです。

相当乱暴な議論ですし、食料には当てはめられても、株や土地の投機には当てはまらないように思いますが、とにかく投機の規制が簡単ではないということはご理解いただけたと思います。

2　バブルから身を守る処方箋《しょほうせん》

●バブルを避けるための4条件

バブルは、繰り返し発生していますので、今後も発生するでしょう。愚か者のバブルや合理的バブルであれば、すこし慎重になれば踊らずにすむでしょうし、そもそも、政府などが早めに潰してくれるでしょうから、被害に遭う心配は大きくありません。問題は、惚れ込み型バブルです。

惚れ込み型バブルは、集団的な陶酔・熱狂ですから、皆が「二十一世紀は日本の時代」と言っている時に「違う」と言うのは難しいでしょう。しかし、筆者としては、次の4条件がそろった時には、投資をせずに、じっとしているほうが賢明なように思います。

①「高すぎると考える人々を説得するような、それらしい理屈があり、それが広く人々に信じられている」

たとえば、「二十一世紀は日本の時代」「IT革命で、アメリカ経済はニューエコノミーになった」といった理屈です。

それまでの理屈で、現在の株高が説明できなくなった際に、新しい指標が登場することもあります。たとえば、平成バブルの際には、「Qレシオ（資産を時価評価したあとに1株あたり純資産を計算し、株価をそれで割った値）」という指標が、現在の株価を正当化する手段として用いられました。
②「全員参加型である」
これまで株式投資をしたことがない人たちが、隣人の成功談を聞いて参入してくると、バブルの匂《にお》いがしてきます。職場でも住宅地でも、人々の会話に株価が頻繁に出てくるようになり、なんとなく世の中全体が地に足が着かず、浮足立《うきあしだ》った感じがしてきます。
③「資産価格が高騰し、景気も悪くないのに、一般的な物価は安定しているので、金融が比較的緩和されている」
平成バブルは円高で、ITバブルはIT技術による効率化で、住宅バブルはITバ

ブルの後遺症の不況から回復させるために、比較的金融が緩和された状態が続いていました。

④「国内と海外の温度差が目立ってくる」

国内にいると、皆で盛り上がっているので、はしゃぎすぎていることに気づきにくいのですが、海外は冷静に見ているので、海外と国内の温度差が開いてきます。

●バブル崩壊は予測できるか？

バブルが崩壊する際にはなんらかの予兆があり、注意深い投資家であれば、それを見て投資を手仕舞《てじま》うことは可能でしょうか？　それならうれしいのですが、実際には、そうしたことはほとんど期待できません。

第一に、予兆が見えた瞬間に多くの投資家がいっせいに売り注文を出すため、株価が暴落してバブルが崩壊してしまうからです。

第二に、予兆が何もなく、特に目立ったニュースもないのに、ある日突然に株価が暴落してバブルが崩壊するというケースも多いのです。大恐慌の元となった暴落も、特段の予兆はなく、当日も前日も目立ったニュースはありませんでした。平成バブルのピークの時は、景気が拡大を続けており、予兆もニュースもありませんでした。

つまり、バブルはいつ崩壊するかわからず、特段のニュースなどもないのに突然崩壊する場合が多いのです。よほどの天才や予言者は別でしょうが、一般の投資家にとって、「自分だけは売り抜けられる」という過信は禁物です。

幸いなのは、惚れ込み型バブルの場合には、風船の破裂ではなく萎《しぼ》むイメージなので、株価などが比較的ゆっくりと下落していくことです。したがって、その際に「惚れ込み」状態から早めに脱することができれば、傷はそれほど大きくならないでしょう。

●大ケガをしないために

もっとも、「バブルが疑われる時は、最初からいっさい手を出さない」という必要もないでしょう。惚れ込み型バブルの場合には、政府などが抑制策を打ち出してから、しばらくしてピークを迎える場合が多いので、政府が抑制策を打ち出すまでは投資を続けるという戦略もあり得ると思います。

また、ピークをつけたあとも、惚れ込み型バブルの場合は、一夜にして暴落するのではなく、比較的ゆるやかな価格下落を見せる場合が多いでしょうから、多少逃げ遅れても大ケガをする可能性は高くないでしょう。

大事なことは、下がり始めた時に損切《そんぎ》りをためらわず、売り切る覚悟を決めておくことです。自分が逃げ遅れたことに気づかないで大ケガをすることがもっとも怖いですから。そこで筆者は、「先の4条件がそろった時に半分売って、政府などが最初に対策を採った時（おそらくは最初の金融政策変更の時）に残りを売る」心づもりをしています。

ちなみに、二〇一三年五月に株価が急落した時、筆者はバブル崩壊ではないと確信していたので、動揺しませんでした。それは、そもそもバブルの条件がまったく整《ととの》っていなかったからです。株価が高すぎると心配する人が多くなかったので、彼らを説得するような理屈づけもなされていませんでした。

全員参加型とはほど遠く、株を主に売買していたのはヘッジファンドなどプロの投資家たちでした。日本株に対する投資をしていたのは外国人投資家が主で、日本人投資家のほうが出遅れていました。金融が緩和されていたのは確かですが、それだけではバブルとは言えません。

もっとも、筆者は投資のプロではありませんし、過去の投資の成績もけっして誇れたものではありません。読者は、筆者のまねをすることなく、あくまで独自のご判断で投資をしていただくよう、お願いいたします。

もし、筆者が中小企業の経営者であれば、来《きた》るべき景気の悪化と銀行の貸し渋りには備えておくと思います。具体的には、好況でも背伸びをせずに借金を増やさないこと、手元資金を多少厚めに持っておくこと、負債をできるだけ長期のものに入れ替えておくこと、などでしょうか。

●バブルは繰り返される

人類が賢くなっていけば、バブルは減らせるかというと、話は簡単ではありません。インターネットの普及などで、人々が得られる情報量は飛躍的に増えましたが、それがバブルを防ぐかというと、これも簡単ではありません。

情報の伝達が早まったことで、バンドワゴン効果（相場の流れに乗ろうとする動き）が大きくなり、バブルが拡大する方向に作用する効果もあるからです。

むしろ、過去30年で、平成バブル、ＩＴバブル、住宅バブルをはじめとして、タイの通貨危機を招いたバブル、スペインの財政危機を招いたバブルなど、比較的大規模で、1国あるいは世界の経済を麻痺《まひ》させてしまうようなバブルは、世界各地で多発しています。

その一因は、経済がグローバル化して、世界中の資金が利益を求めて1カ所に集中するようになったことです。平成バブルを例外とすれば、アメリカのＩＴ関連株、アメリカの住宅、タイの不動産、スペインの不動産など比較的小さな市場に世界中の巨額の資金が流れ込み、バブルが拡大したのです。

今ひとつ重要なことは、冷戦の終結以降、世界経済が金融緩和圧力を受けやすい構造になったことです。旧東側の労働力が利用可能となったため、恒常的に失業増大圧力がかかるようになりました。

たとえば、現在、中国が大量の労働集約型製品を安価で世界中に販売しており、世界中の労働集約型産業が衰退し、そこに雇われていた人々が失業しかねない状況になっています。こうした失業圧力に対処するため、先進国の金融政策は、従来に比べて緩和的になっています。また、安価な中国製品の流入などによって先進国でインフレが起きにくくなっていることも、金融が緩和されやすい理由です。

また、中国などは、受け取った輸出代金を用いて先進国の国債を買っているため、先進国の長期金利が上昇しにくくなっていることもあるようです。

加えて、アジア通貨危機で辛酸《しんさん》をなめた国々が、外国からの借金に対するトラウマから、経常収支黒字を積み上げるようになりました。そのために、自国通貨を安く保って世界中に製品を輸出し、受け取った外貨で先進国の国債を買ったのです。これにより、先進国の国債の利回りは低く抑えられることになったのです。

つまり、以前に比べるとはるかに金融が緩和した状態が基本となっており、投資家および投機家は、簡単に資金を調達して、株でも家でも購入できます。こうした状態が容易には解消しないとすれば、世界経済は以前よりもバブルが起きやすい状態にあり、今後もそうした状態が続く可能性が高いことになります。要注意です。

たとえば、アメリカがITバブル後の不況対策として、金融緩和を行なったことが、結果として住宅バブルの一因となったと言われています。そうだとすると、住宅バブル、リーマン・ショック後の不況対策として現在、世界中で採られている金融緩和が、どこかで再びバブルを引き起こす可能性は考えておいたほうがよいかもしれません。

●今後、起きそうなバブル

日本国内で、平成バブルのような全面的なバブルが発生する可能性は小さいでしょう。日本経済は、少子高齢化で長期的に衰退していくと考えられており、日本の地価や株価が全面的に上昇していくことを正当化する理屈が出てこないからです。

しかし、第1章で論じた医薬品関連株バブル、防衛関連株バブルなど業種限定的なバブル、首都圏バブルなど地域限定的なバブルは考えられます。アベノミクスがバブルに発展する可能性についても、第1章で論じました。

日本に関連したバブルでもっともありそうなのは、ドル高バブル（＝円の暴落）でしょう。これは、次項で述べます。

海外では、バブルの種は数多くあるでしょうが、たとえば読者がタイの不動産バブルに投資するなどの可能性は大きくないでしょうから、省略します。

注意が必要なのは、国際商品のバブルです。金《きん》、原油、小麦といった国際商品は、市場規模がそれほど大きくないうえに、世界中の投機資金が一気に流入する可能性がある市場です。金はともかく、原油や小麦などは私たちの生活に直結し、影響も大きいでしょうし、企業にとっては原油や小麦などの価格暴騰に対して、いかに自己防衛を図るかという問題が生じます。

原油や穀物のバブルは、中東情勢の緊迫や異常気象などを契機として発生する場合が多いですが、多くの場合、原因が消えるとバブルも消滅します。したがって、惚れ込み型バブルというよりは他力本願型バブルの場合が多いでしょう。

そうだとすると、ある日突然に、価格が暴落する可能性があります。それならば、余分な在庫は持たずに淡々《たんたん》と必要分だけを仕入れるスタンスが安全かもしれません。

もっとも、買い占めなどによって必要量が入手できなくなるリスクは避けたいですから、その意味では「保険として」若干多めの在庫を持つことも検討すべきでしょう。

●ドル高バブル

アベノミクスによるドル高が進展して、バブルに発展していく可能性については、第1章で論じましたので、ここでは別の要因によるドル高バブルについて考えましょう。

ある時、市場で「日本政府は借金が多すぎて破綻する」という噂が立てば、外国人投資家がいっせいに日本国債などを売却して、本国に逃げ帰るでしょう。その際には、巨額のドル買いが発生し、ドルが暴騰するでしょう。すると、それを見越してドルを先回りして買おうという日本人が出てくるかもしれません。そうなると、バブルです。

これは、惚れ込み型バブルとは考え難い。つまり、ドルの値段がどこまでも上昇していくことがファンダメンタルズに沿った動きだと考える人はいないからです。実際に、日本人が保有するドルのほうが外国人が保有する円よりも多いので、最終的には外国人に**外貨準備**[39]などを高値で売却することで、外国人のドル買い需要は吸収できるでしょう。

あとは、日本人相互間でのドル買い競争となりますが、これは合理的根拠がありません。極端なドル高になれば日本の経常収支は大幅な黒字となり、毎年大量のドルが海外から入ってくるので、それをすべて呑《の》み込んでドル買いの勢いが続くとはとうてい考えにくいからです。

この場合も、他力本願型バブルですから、崩壊は前触《まえぶ》れもなくおとずれ、しかも暴落する可能性があります。したがって、あまり欲張《よくば》らずに、早い段階から何回かに分けてすこしずつ売っていくべきでしょう。

●日本の近未来

日本経済は、少子高齢化で衰退していくというイメージが強く、惚れ込み型バブルによって全面的な株高バブルが発生する可能性が高いとは思いませんが、皆無ではありません。
そこで、本書の最後に、日本の近未来を小説風に記してみました。頭の体操として、ご笑覧いただければ幸いです。

事《こと》の始まりはアベノミクスによる景気回復であったか、その数年後に行なわれた大規模な景気対策であったかは措《お》くとして、景気が長期にわたり拡大を続け、消費者物価上昇率が1%程度で安定的に推移していた時のことです。

ドルは1ドル＝120円レベルで安定していました。日銀の金融緩和はドル高要因でしたが、この水準だと輸出企業が大量にドルを売るので、ドル高がこれ以上進まなくなっていたのです。

景気は拡大を続けていましたが、物価は上がりませんでした。女性や高齢者が大量に働きに出てきたこと、活発な省力化投資が行なわれたこと、技術集約型製品の輸出が増えたため、その代金で労働集約型製品の輸入を行なったこと、などによって賃金水準がそれほど上昇しなかったいっぽうで、企業の生産性が向上したことにより、生産物1個あたりのコストが上昇しなかったからです。日本経済は、「インフレなき持続的景気拡大・経済成長」を実現したのです。

バブル崩壊後、長期にわたって失業問題に苦しんできた日本ですが、団塊《だんかい》世代が引退したこともあり、「買う人・使う人」はそれほど減らないのに「働く人・作る人」が減り、物の需給と労働力の需給が引き締まってきました。むしろ引き締まりすぎて、一度引退（定年）した団塊世代に、再雇用を申し出る企業が相次《あいつ》ぎました。

余談① 現在、日本経済の最大の問題は、景気が悪いことです。景気が悪くて困るのは、失業者が多いことです。失業者を減らすため、政府が失業対策を行ない、財政赤字が膨らんでいくのです。そして、遠い将来の日本経済の問題は、少子高齢化で労働力が足りなくなることです。しかし、すこしずつ労働力が減っていくと、あるところで「労働力が余りもせず、足りなくもない、ちょうどよい時期」が来ます。これは、すばらしい時期です。近視の人が、加齢とともに遠視になる過程で、眼鏡の要《い》らない時期があるそうですが、そうした時期が日本経済にも来るのです。筆者はこれを「最後の黄金時代」と呼んでいます。

こうして、高齢者も女性も元《もと》失業者も、働く意欲と能力のある人々は全員仕事に就《つ》き、いきいきと働いていました。「インフレなき成長」により「失業のない経済」が達成されたのです。

労働力需給が比較的引き締まってきたので、賃金水準は非正規雇用を中心に上昇し、正規雇用者と非正規雇用者の賃金格差は縮小し、ワーキング・プアの問題も解消していきました。これにより、生活保護の受給者も減少しました。

高齢者が働くようになったので、年金支給年齢は75歳に引き上げられ、働けない高齢者には「早期年金受給制度」が適用されることになりました。日本人は、「老後も仕事がしたい」という人が多かったので、国民も総《そう》じて幸福でした。高齢者が生き生きと働いているので、健康な高齢者が増え、医療費もそれほど増加しませんでした。

いっぽう、景気の拡大にともない、税収は順調に拡大しました。先述のように歳出は抑制されたので、財政赤字は順調に縮小していきました。もちろん、ゼロにはなりませんでしたが、「持続不可能で、いつか必ず破綻する」と考える人は減っていきました。

景気好調にもかかわらず、消費者物価上昇率が目標である2％を下回っていたため、日銀は金融緩和を止めることができませんでした。景気拡大により、企業収益は好調を続け、いっぽうで金融が緩和されていたため、株価は大幅に上昇しました。これも税収を増やし、財政不安を和《やわ》らげ、それがいっそう株価を押し上げるという好循環も生じていました。

そうしたなかで、日本は世界から称賛を浴びるようになります。「少子高齢化の最先端を行く日本が、失業もインフレもない持続的な成長を続け、しかも破綻寸前だった財政まで一息つくようになっている。すばらしい。二十一世紀後半は、日本を手本に先進国もまねをしよう」となったのです。

海外からの日本株投資が増えたことももちろんですが、日本人が日本経済に自信を取り戻して、株式投資を増やし始めました。

余談② 日本人で金融資産を持っている年代は、圧倒的に高齢者です。高齢者が「長生きするリスク」を考えて、多額の金融資産を抱《かか》えたまま消費をせず、結局それが遺産として相続されるというのが実態です。高齢化社会なので、親の財産を相続した子も、すでに高齢者か高齢者に近い年齢になっており、相続されても消費に回りません。これまでの高齢者は、「株に手を出す」といった言葉が示すとおり、株式投資はバクチであり悪いことという価値観を頭の片隅に残している人々ですが、最近になって遺産を相続する世代は、こうした価値観を持っていない人も多く、高齢者の金融資産が株式投資に回りやすくなっているのです。

高齢者を含めた「全員参加型の株式投資」が始まりました。株高は景気を拡大させ、それが企業収益を拡大させていっそうの株高をもたらす好循環。さらに、株高と景気拡大が税収を拡大させて財政不安を軽減し、それがいっそうの株高と景気拡大をもたらす好循環などによって、株価は上昇を続けました。こうなると、惚れ込み型バブルです。株価はどこまでも上昇し……

このあとは、読者のご想像におまかせいたします。

本書で紹介した「経済用語」

1 **金融政策**――中央銀行（日本では日本銀行＝日銀）が、物価の安定と景気の調節のために、世の中に出回る資金量を増減させること。増加させる「金融緩和」と減少させる「金融引き締め」があるが、アベノミクスにおいては、金融緩和を大胆に行なうこととされる。

2 **財政政策**――公共投資（政府が道路などを造ること）、減税などにより、政府が景気の回復を図《はか》ること。アベノミクスにおいては、「国土強靱《きょうじん》化計画」にもとづく公共投資が中心となっている。

3 **成長戦略**――アベノミクスにおいては、民間の投資を引き出すための規制改革、税制措置などに加え、女性労働力の積極的な活用、成熟分野から成長分野への労働移動など、幅広い施策が謳《うた》われている。これらは、短期的な景気よりも中長期的な経済や産業の活力に着目したものである。

4 **デフレとインフレ**——デフレとは消費者物価指数が持続的に下落することで、インフレとは逆に消費者物価指数が持続的に上昇することである。インフレ抑制よりもデフレ解消のほうが困難なので、デフレを避けることを重視して、日銀は消費者物価上昇率が年率2%程度のマイルドなインフレを目標としている。

5 **期待**——日常用語の「予想」のこと。経済学者が「期待に働きかける政策」と発言し、マスコミも同様の表現を用いているため、本書でも「期待」という言葉を予想という意味で用いる。

6 **実質金利**——金利マイナス物価上昇率。金利が高くても、物価上昇率がそれ以上に高ければ、借金をして物を買い急ぐ人が増える。こうした状態は実質金利がマイナスであり、金融が緩和された状態と言える。逆に、金利がゼロでも物価がマイナスならば、実質金利がプラスであり、金融が緩和されているとは言い難い。

7 **設備投資**——工場やオフィスビルを建てるなど、企業活動に必要な設備を整備するための投資活動。造られた設備は長期間にわたって使用されるため、決定に際しては将来の景気や需要のほか、将来の物価（製品価格など）も重要な判断材料となる。

8 **減価償却**――設備投資の費用を、投資した年のみの費用として計上するのではなく、設備を使う期間を通して、すこしずつ費用として計上する会計上の手続きのこと。設備投資を行なった時点で、将来の費用計上額が決まるので、投資後にデフレになっても、減価償却額は変化しない。

9 **マネタリーベース**――現金と準備預金の合計のこと。マネーストックのベースとなるため、ベースマネーとも呼ばれる。日銀が銀行から国債を購入すると（銀行が対価を現金で受け取るか準備預金するため）増加する。

10 **マネーストック**――世の中に出回っているお金の総額。マネーサプライとも呼ばれる。具体的には現金と預金（家計や企業が銀行に預けている預金）の合計。銀行が貸出をすることで、資金が世の中に出回り、マネーストックが増加する。

11 **量的緩和**――市場金利がゼロになったあともさらに資金を市場に供給する、極端な金融緩和政策のこと。金利の押し下げではなく、マネーストック量を増やすことを目的とするので、量的緩和と呼ばれる。

12
実体経済——景気、物価、生産、雇用、賃金などの経済活動を全体として見たもの。為替レート、金利、株価などを決める要因は数多くあるが、そのなかでも最重要なもの。いっぽう、実体経済は同時に為替レート、金利、株価などの影響を受ける。

13
ファンダメンタルズ——為替レートや地価や株価などを考える際の、経済の基礎的条件。為替レートであれば、経常収支や外国との金利差や外国との物価比較など。株価であれば、企業の収益、景気動向、金利水準など。商業地の地価であれば、土地の上で行なうビジネスが生み出す利益額、景気動向、金利水準など。

14
経常収支——貿易収支（財の輸出から財の輸入を引いたもの）、サービス収支（サービスの輸出からサービスの輸入を引いたもの。たとえば、海外旅行は海外のサービスの輸入になる）、所得収支（利子や配当の海外からの受け取りから支払いを引いたもの）、経常移転収支（対外援助の一部など）の合計。

15 **PBR (Price Book-value Ratio)**――株価純資産倍率（株価を1株あたり純資産で割った値）。企業が解散する時には、資産を売却して負債を返済した残額を株主に分配する。すなわち、1株あたり純資産（=資産から負債を引いた値）は、解散時の1株あたりの分配額であり、企業の財務諸表上の（=帳簿上の）解散価値である。

16 **財務諸表**――企業の決算書。主なものは、決算期末における企業の資産や負債などの状態を示す貸借対照表、決算期中の売上げや利益などを示す損益計算書、決算期中のキャッシュ（現金や預金など）の増減理由を説明するキャッシュフロー計算書である。

17 **IT (Information Technology)**――情報技術のこと。具体的にはコンピューター、インターネットなどの技術を指す。最近ではＩＣＴ（Information & Communication Technology =情報通信技術）と呼ばれることもある。

18 **財とサービス**――家計の消費は、財の購入とサービスの購入に大別される。前者はいわゆる商品の購入のことであり、後者はその他の支出（理髪代、電車賃など）のことである。消費者物価指数に占める割合はサービスが6割弱で、財よりもやや大きい。

19
GDP(Gross Domestic Product)——国内総生産。国内で生産された財とサービスを合計した統計。各企業の売値から仕入れ値を差し引いた「付加価値(自分で作った部分)」を合計して作る。「作ったものは使われる」ので、消費や設備投資や輸出などの合計から輸入を引いて作ることもできる(売れ残った部分の調整などは別途必要)。

GDPとGNP(Gross National Product)の違い——GDPは国内総生産、GNPは国民総生産であり、前者は生産された場所で、後者は生産者の国籍で集計した統計である。たとえば、日本人が外国で生産した物は前者には含まれず後者には含まれる。

20
REIT(Real Estate Investment Trust)——不動産投資信託。投資家から資金を集めて、住宅やオフィスビルなどを購入し、それを賃貸《ちんたい》に出して、賃貸料を稼《かせ》ぎ、収益を投資家に分配するファンドのこと。実態としては、「賃貸住宅などを購入するためだけに設立された株式会社」に近い。

21
先物取引——将来の売買を現時点で契約すること。たとえば「年末に金1キロを500万円で買う」と約束する取引。仮に、年内に金価格が600万円に値上がりすれば、「年末に1キロ600万円で売る」と約束する新しい先物取引を行なうことにより、利益が確定でき、現物の受け渡しも不要である。

22
M&A(Mergers and Acquisitions)——合併と買収のこと。本書のケースでは、買収。

23
景気循環——景気が回復・拡大と後退を繰り返すこと。かつては好況時に企業が作りすぎて大量の在庫を抱え、それが深刻な不況をもたらすことも多かったが、最近では、政府や中央銀行が景気の調節を行なっているので、従来に比べて景気循環はなだらかになっている。

24
連邦準備制度(FRS＝Federal Reserve System)——アメリカの中央銀行。日本の日銀とおおむね同様の役割を持つ組織。主要業務は紙幣の発行、金融政策（世の中に出回る資金の量を調節して、景気や物価を安定させる仕事）、金融機関の監督など。

連邦準備制度理事会（ＦＲＢ＝Federal Reserve Board）――連邦準備制度の統括機関。議長（二〇一三年十月現在、ベン・バーナンキ）、副議長、理事は、上院の同意にもとづいて大統領が任命する。

25
公定歩合――中央銀行（日本の場合、日銀）が民間銀行に資金を貸し出す際に適用される金利のこと。「基準割引率および基準貸付利率」とも呼ばれる。日本では、バブル期までは、公定歩合の上げ下げが金融政策の中心的な手段だった。最近では、公開市場操作（日銀が国債の売買により、市場の資金量を調節すること）が金融政策の中心なので、公定歩合の注目度は高くない。

26
日本的経営――終身雇用、年功序列賃金、企業別組合という日本企業の特徴のこと。企業にとっては社員の忠誠心が得られること、長期的視野で社員教育が可能になることなどが、社員にとっては雇用の安定を得られることなどが利点と言われている。

27
経済白書――日本政府が日本経済の現状を分析し、年に一度公表している報告書。今後の政策の指針を示唆することなどを目的としている。執筆は内閣府（旧・経済企画庁）が担当するが、執筆後に各省庁に送り、問題がないことを確認してから閣議で決定される。ちなみに、「経済白書」は経済企画庁時の「年次経済報告書」の通称。現在は「年次経済財政報告書」にて、通称「経済財政白書」。

28 **財政金融政策**――景気と物価を安定させるため、政府が行なうのが財政政策であり、日銀が行なうのが金融政策である。財政政策は、不況期に公共投資や減税などを行なうこと。金融政策は、公定歩合（25参照）を変更したり、市場に出回る資金の量を調節することで、景気やインフレ率などを誘導すること。

29 **エクイティファイナンス**――増資による資金調達、転換社債（あらかじめ定められた比率で株式に転換できる社債）やワラント社債（社債保有者があらかじめ定められた価格で株式を購入できる権利を持つ社債）の発行による資金調達の総称。投資家は株価が上昇すれば利益が得られるため、バブル期には人気で、いずれも活発に行なわれた。

30 **PER（Price Earnings Ratio）**――株価収益率。株価を1株あたりの利益で割った値のこと。ＰＥＲが高ければ株価は割高、低ければ割安と見なされる。成長企業の

ＰＥＲは大きくなる傾向がある。また、預金と比べた株式投資の有利不利の判断から、低金利時は大きくなりがちである。

31
自己資本比率規制――銀行は自己資本比率（自己資本÷リスクアセット）を８％（銀行によっては４％）以上に保つ必要があるという規制。これは、「銀行は自己資本の12・５倍（銀行によっては25倍）までしか、リスクアセットを持ってはいけない」ことを意味する。リスクアセットとは、貸出や保有株式などの合計のことで、現金や国債などは含まれない。国際的に活動する銀行に対しては、ＢＩＳ（Bank for International Settlements＝国際決済銀行）規制という国際的な規制が、それ以外の銀行に対しては国内法による規制が適用される。

32
動産と不動産――不動産とは、文字どおり動かない財産のこと。具体的には、土地と建物（および立木《たちき》など）。登記《とうき》ができて、持ち逃げされにくいので、銀行貸出の担保に適している。動産とは、機械や宝石など、不動産以外の有形財産のこと。特許権などの無体財産権は含まれない。

33
景気対策――不況期に景気を回復させるために政府や日銀が行なう政策。政府は公共投資や減税を行ない、日銀は金融緩和を行なう。現在では、銀行の保有する国債を日銀が買い取る「公開市場操作」が金融緩和の主な手段だが、バブル当時の金融緩和は、公定歩合の引き下げが主だった。

34 **プライムレート**——直訳は最優遇貸出金利で、かつては文字どおり、最優遇貸出先に適用する金利のことだった。しかし、次第に適用基準が変化し、現在では「普通の借り手」に対する貸出金利を指す言葉となっている。最優遇先には、これ以下の金利を適用している。

35 **格付会社**——社債の発行体（＝社債を発行する企業など）の状況を調べ、確実に社債の元利《がんり》払いができるか（元金と利息を支払えるか）否かを評価する会社。就職の際に英語検定や諸資格を保有していると有利であるのと同じく、格付けを取得すると社債発行に有利なので、発行体が料金を支払い、格付けを依頼する。

36 **公的資金注入**——銀行の増資を政府が税金で引き受けること。銀行が自己資本不足に陥り、貸し渋りを余儀なくされている時に、銀行の自己資本を充実させて、貸し渋りを止めさせる目的で行なう。増資の引き受けであり、贈与ではないが、税金による銀行の救済であるとして、世論と議会の反対を受けることが多い。

37 **ヘッジファンド**――富裕層や機関投資家などから資金を集め、ハイリスク・ハイリターンの資産運用をする組織。活動状況などの情報はあまり公開されないが、時として市場に大きな影響を与えることから、注目度は高い。

38 **IMF(International Monetary Fund)**――国際通貨基金。経常収支が悪化した加盟国に融資を行なうことが本業であるが、融資に際し、借り手国の経済構造に口出しをしたり、世界経済の調査や見通しを出すなど、さまざまな業務を行なう。

39 **外貨準備**――政府が保有している外貨資産。ドル安・円高時に為替のドル買い介入(政府がドルを買うことで、ドル安・円高を防ぐ)を行なうと、外貨準備は増加する。日本政府は、過去に何度も大規模なドル買い介入を行なったため、巨額の外貨を保有している。

参考文献

板谷敏彦著『金融の世界史』新潮選書　二〇一三年
岩崎日出俊著『金融資産崩壊』祥伝社新書　二〇〇九年
エドワード・チャンセラー著、山岡洋一訳『バブルの歴史』日経BP社　二〇〇〇年
経済企画庁編「経済白書」平成元〜三年版　大蔵省印刷局　一九八九〜一九九一年
小峰隆夫編『日本経済の記録 歴史編 第2巻』佐伯印刷　二〇一一年
ジョン・K・ガルブレイス著、鈴木哲太郎訳『[新版]バブルの物語』ダイヤモンド社　二〇〇八年
竹森俊平著『世界経済の謎』東洋経済新報社　一九九九年
竹森俊平著『資本主義は嫌いですか』日本経済新聞出版社　二〇〇八年
チャールズ・マッケイ著、塩野未佳・宮口尚子訳『狂気とバブル』パンローリング　二〇〇四年
内閣府政策統括官編「世界経済の潮流」2002年春　財務省印刷局　二〇〇二年
野口悠紀雄著『バブルの経済学』日本経済新聞社　一九九二年
みずほ総合研究所編『サブプライム金融危機』日本経済新聞出版社　二〇〇七年
宮崎勇・丸茂明則・大来洋一編『世界経済読本[第7版]』東洋経済新報社　二〇〇二年
村松岐夫・奥野正寛著『平成バブルの研究〈上〉形成編』東洋経済新報社　二〇〇二年
ロバート・J・シラー著、植草一秀監訳『投機バブル 根拠なき熱狂』ダイヤモンド社　二〇〇一年
「週刊エコノミスト」2013年6月25日号　毎日新聞社　二〇一三年

切りとり線

★読者のみなさまにお願い

この本をお読みになって、どんな感想をお持ちでしょうか。祥伝社のホームページから書評をお送りいただけたら、ありがたく存じます。今後の企画の参考にさせていただきます。また、次ページの原稿用紙を切り取り、左記まで郵送していただいても結構です。

お寄せいただいた書評は、ご了解のうえ新聞・雑誌などを通じて紹介させていただくこともあります。採用の場合は、特製図書カードを差しあげます。

なお、ご記入いただいたお名前、ご住所、ご連絡先等は、書評紹介の事前了解、謝礼のお届け以外の目的で利用することはありません。また、それらの情報を6カ月を越えて保管することもありません。

〒101－8701（お手紙は郵便番号だけで届きます）
祥伝社新書編集部
電話03（3265）2310
祥伝社ホームページ　http://www.shodensha.co.jp/bookreview/

★本書の購入動機（新聞名か雑誌名、あるいは○をつけてください）

＿＿＿＿新聞の広告を見て	＿＿＿＿誌の広告を見て	＿＿＿＿新聞の書評を見て	＿＿＿＿誌の書評を見て	書店で見かけて	知人のすすめで

★１００字書評……なぜ、バブルは繰《く》り返されるか？

名前

住所

年齢

職業

塚崎公義　つかさき・きみよし

久留米大学商学部教授。東京都生まれ。1981年、東京大学法学部卒業。日本興業銀行（現・みずほ銀行）入行後、カリフォルニア大学ロサンゼルス校（ＵＣＬＡ）にてＭＢＡを取得。同行調査部主任部員（課長待遇）、財団法人国際金融情報センター調査企画部長などを経て2005年、退職して久留米大学へ。著書に『初心者のための経済指標の見方・読み方』（東洋経済新報社）、『よくわかる日本経済入門』（朝日新書）などがある。

なぜ、バブルは繰《く》り返《かえ》されるか？

塚崎公義《つかさききみよし》

2013年11月10日　初版第1刷発行

発行者………………竹内和芳
発行所………………祥伝社しょうでんしゃ
〒101-8701　東京都千代田区神田神保町3-3
電話　03(3265)2081(販売部)
電話　03(3265)2310(編集部)
電話　03(3265)3622(業務部)
ホームページ　http://www.shodensha.co.jp/

装丁者………………盛川和洋
印刷所………………堀内印刷
製本所………………ナショナル製本

Printed in Japan　ISBN978-4-396-11343-8　C0233

〈祥伝社新書〉
経済を知る・学ぶ

066
世界金融経済の「支配者」 その七つの謎

金融資本主義のカラクリを解くカギは、やはり「証券化」だった！

政治経済ジャーナリスト
東《ひがし》谷《たに》 暁《さとし》

111
超訳『資本論』

貧困も、バブルも、恐慌も――、マルクスは「資本論」の中に書いていた！

神奈川大学教授
的《まと》場《ば》昭《あき》弘《ひろ》

151
ヒトラーの経済政策 世界恐慌からの奇跡的な復興

有給休暇、がん検診、禁煙運動、食の安全、公務員の天下り禁止……

フリーライター
武田知弘

140
金融資産崩壊 なぜ「大恐慌」は繰り返されるのか

一九二九年の世界恐慌が、またやって来る!? あの時、何が起こったのか？

経営コンサルタント
岩崎日出俊

334
だから、日本の不動産は値上がりする

日本経済が上向く時、必ず不動産が上がる！ そのカラクリがここに

不動産コンサルタント
牧野知弘